Seitas:
mito e realidade

LUIS SANTAMARÍA DEL RÍO

Rede Ibero-Americana de Estudo das Seitas (RIES)
Zamora (Espanha)
ries.secr@gmail.com

Traduzido do original espanhol por Nuno Vieira

Imagem da capa: Martin Redlin (Pixabay)

ISBN: 9798860428102

ÍNDICE

INTRODUÇÃO

Quando realizo workshops e palestras com adolescentes espanhóis sobre o tema das seitas, começo por lhes fazer esta pergunta, para os interessar e envolver: "A religião é importante hoje em dia?". Embora alguns digam que não, pois muitos deles vivem à margem da Igreja há já algum tempo, sempre surge alguém que se refere ao terrorismo jihadista. E é verdade: basta um simples olhar sobre a realidade para que até os menos informados vejam o fracasso da teoria da secularização, segundo a qual, na época contemporânea, assistimos a uma morte anunciada das religiões. Uma prova muito importante que confirma este fracasso é o fluxo diário de pedidos de informação e de ajuda que chegam aos que nos dedicamos ao mundo das seitas e da nova religiosidade. Disso posso dar fé.

A teoria da secularização e os anúncios do fim das religiões depararam-se com uma realidade em que, ao mesmo tempo que constatam alguns dos seus êxitos, testemunham também o fracasso da sua principal afirmação: a ausência de Deus, da religião e da espiritualidade. O objeto deste livro foca-se na presença pública do cristianismo e de outras confissões cristãs, nos fenómenos preocupantes dos fundamentalismos de raiz espiritual, nas seitas e nas novas formas de religiosidade.

Segundo o teólogo espanhol Ángel Cordovilla, vivemos hoje "numa cidade secular que, em vez de ser ateia ou descrente, tornou-se indiferente à fé em Deus e crédula em relação a outros tipos de deuses que nos são mais próximos"[1]. Para este autor, portanto, mais do que o regresso de Deus, dever-se-ia falar do "regresso dos deuses", no plural, denotando um certo politeísmo cultural e espiritual. Isto tem os seus aspetos positivos e negativos. Por um lado, confirma o facto religioso como algo inerente ao ser humano, e a pluralidade como um exercício de liberdade, por oposição às imposições do passado. Mas, por outro lado, assiste-se a uma instrumentalização das liberdades por parte de líderes e grupos que subjugam os seus seguidores. A religião liberta o ser humano, enquanto as suas patologias —como as seitas— se disfarçam de religião para escravizar o ser humano.

Hoje em dia, muitos afirmam que as seitas são um fenómeno de outros tempos. Seria algo remanescente da segunda metade do século XX, e que se tornou especialmente visível nas décadas de 1970 e 1980, quando houve um verdadeiro alarme social em muitos países ocidentais, e na década de 1990 com os tristemente conhecidos casos de massacres e suicídios coletivos. Recordemos o caso dos Davidianos que se barricaram no rancho Mount Carmel, em Waco (Texas, EUA), em 1993, aguardando a segunda vinda de Cristo, segundo a interpretação fanática da Bíblia do seu líder, e cujo desfecho violento foi motivado pela

---

[1] CORDOVILLA, ÁNGEL, *Crisis de Dios, crisis de fe. Volver a lo esencial*, Sal Terrae, Santander 2012, 40.

entrada do FBI. Nos anos seguintes, assistimos ao suicídio coletivo "por capítulos" da Ordem do Templo Solar em França, Suíça e Canadá, com dezenas de seguidores que tinham aderido a uma doutrina esotérica relacionada com os Templários. Outro grupo que ganhou fama foi o Heaven's Gate, com o suicídio coletivo em São Diego (Califórnia, EUA) em 1997, com o objetivo de sobreviver ao cataclismo planetário viajando numa nave espacial que os viria buscar. O século terminou com o massacre de cerca de mil pessoas no Uganda, todas elas pertencentes ao Movimento de Restauração dos Dez Mandamentos.

Recordando um pouco mais, e a modo de prólogo, em 1978 teve lugar o massacre de Jonestown, na Guiana, onde 914 seguidores do Templo do Povo morreram por seguirem os delírios fanáticos de Jim Jones, um reverendo peculiar que combinou doutrinas cristãs e princípios marxistas. Para muitos, repito, isso é coisa do passado. Segundo estas vozes, não só surgiu um outro "inimigo" de cariz religioso para a nossa sociedade, o terrorismo jihadista, como devemos deixar de usar uma linguagem que discrimine os grupos espirituais pelo simples facto de serem diferentes e falar, em vez disso, em "novos movimentos religiosos" ou "novas religiões".

Mas as seitas continuam a existir. O último grande acontecimento foi descoberto no Quénia, em 2023, e teria chocado o mundo, não fosse o facto de África ter sempre menos interesse para os meios de comunicação ocidentais. Desde abril, foram encontrados centenas de cadáveres de seguidores de uma seita que morreram por obedecerem à ordem do seu líder: jejuar até ao fim para se encontrarem com Jesus Cristo. O grupo chama-se Good News Ministries International e o seu líder está atualmente na prisão a aguardar julgamento por ter arrastado os seus seguidores para um fanatismo delirante e letal. Os números mais recentes, à data da publicação deste livro, são de 425 mortos mas é provável que o número final seja mais elevado.

E quanto a Portugal? Nas minhas frequentes viagens ao país vizinho e muito querido, observo com atenção esta realidade, não constatando qualquer interesse significativo pelo fenómeno sectário. A preocupação com as seitas remonta ao final do século XX e, desde há duas décadas, não há publicações de relevo sobre o assunto.

Um fenómeno que sacudiu a sociedade portuguesa nos anos 80 y 90 foi a Igreja Universal do Reino de Deus. Os seus templos estabeleceram-se muito rapidamente nas grandes cidades. O seu desenvolvimento foi tão significativo, com a adesão de fiéis e grandes dádivas financeiras, que os seus líderes optaram por adquirir edifícios de grande valor artístico, cultural e sentimental para as populações, o que motivou a protesta e a organização de importantes mobilizações sociais, das quais se fizeram eco os meios de comunicação durante longo período.

Mais recentemente, um acontecimento chamou a atenção da sociedade portuguesa: a notícia da morte de um bebé numa comunidade criada em 2020, numa localidade perto de Coimbra. Chama-se Fundação Pineal e a prática de não levar as crianças à escola ou ao médico é comum. No caso da criança falecida, a filha do guru, nem sequer tinha sido registada legalmente[2].

Mas a realidade das seitas vai muito para além destes acontecimentos, que provocam uma atenção momentânea

---

[2] Cf. SANTAMARÍA DEL RÍO, LUIS, "Un bebé muerto y una comunidad bajo sospecha: el infierno de las sectas emerge en Portugal", *Portaluz*, 25/08/23. Disponível em: https://portaluz.org/accion-del-mal/327993129/Un-bebe-muerto-y-una-comunidad-bajo-sospecha-el-infierno-de-las-sectas-emerge-en-Portugal.html

sobre o fenómeno, amplificada pelos meios de comunicação social, mas que depois é esquecida devido ao ritmo vertiginoso das notícias diárias. A realidade das seitas é vivida sobretudo pelas pessoas que são recrutadas e pelas famílias que assistem a esta perda em silêncio, impotentes, sem saberem a quem pedir ajuda. O drama dos afetados torna o fenómeno para além de extenso, ainda mais intenso em termos dos danos pessoais e familiares que provoca, como veremos neste livro. Não existem estatísticas oficiais, mas cálculos feitos noutros países podem ajudar-nos a perceber a magnitude do fenómeno: cerca de 1% da população de um país vizinho como a Espanha faz parte de uma seita. Se pudermos aplicar este cálculo a Portugal, estaríamos a falar de cerca de 100.000 portugueses em seitas.

Mas a realidade é que há mais. E eu explico porquê. Num livro que acabo de publicar[3], fruto de uma exaustiva investigação sobre as seitas de origem cristã em Espanha, mostro como a metade dos 400.000 espanhóis que calculamos como membros de seitas pertencem a três grupos específicos: Testemunhas de Jeová, Mórmons e Adventistas do Sétimo Dia. Se olharmos para as estatísticas oficiais fornecidas por estes movimentos sobre a sua presença atual em Portugal, verificamos que existem 51.334 Testemunhas de Jeová, 46.849 Mórmons e 11.054 Adventistas do Sétimo Dia. Um total de 109.237 seguidores destes três grupos, um número que é proporcionalmente o dobro dos números espanhóis, o que já ultrapassa 1% da população portuguesa. A estes juntam-se os restantes seguidores de muitas outras seitas, entre as quais a Igreja Universal do Reino de Deus, de origem brasileira e com forte presença em Portugal (134 filiais em todo o país) e a Igreja Maná,

---

[3] Cf. SANTAMARÍA DEL RÍO, LUIS, *A las afueras de la cruz. Las sectas de origen cristiano en España*, BAC, Madrid 2023.

originária de Lisboa, que já conta com 108 locais de culto. Posso afirmar com segurança que mais de 2% dos portugueses pertencem a uma seita.

Este livro não pretende ser exaustivo, mas sim oferecer uma visão geral do fenómeno das seitas. Existem bons livros sobre este tema, escritos por autores portugueses ou traduzidos para a bela língua de Camões, que constituem uma boa referência para o conhecimento e análise do sectarismo (apresento uma bibliografia no final deste livro). No entanto, como já referi, a maior parte deles foram publicados há muito tempo e precisam de ser atualizados. Como veremos, o fenómeno sectário transformou-se nas últimas duas décadas, e é necessário desmascarar as suas novas faces, começando por notar que nem todas as seitas são de natureza religiosa, e são precisamente aquelas que mais se afastam do que entendemos por religião que têm hoje maior capacidade de atração.

Espero que este livro estimule outros estudiosos e investigadores em Portugal a voltarem a abordar o fenómeno sectário no seu país como um objeto de atenção. Considero muito importante, não só em termos de publicações locais, mas sobretudo para dar à sociedade portuguesa uma formação que vá para além da informação, e para que as pessoas e as famílias afetadas não sejam obrigadas a recorrer a conteúdos estrangeiros, bem como as administrações públicas, o poder judicial e as forças de segurança. Termino estas palavras introdutórias agradecendo aos leitores a sua atenção e pedindo desculpa pela minha ousadia em irromper subitamente num país diferente do meu. Mas fique certo de que o faço com a melhor das intenções de ajudar e, sobretudo, de chamar a atenção para um fenómeno tantas vezes negligenciado.

Gostaria de escrever, no futuro, um livro onde a realidade das seitas em Portugal seja abordada de forma mais concreta. Por isso, ficaria grato por qualquer informação, material ou testemunho pessoal que esteja disposto a partilhar, garantindo a confidencialidade daqueles que desejem manter o anonimato. Fico à disposição dos leitores no seguinte endereço eletrónico: luis.santamaria@infories.org

UMA REALIDADE DO SÉCULO XXI

A difícil definição do fenómeno sectário

O que é uma seita? Aqui encontramos a primeira dificuldade, pois há uma grande diversidade de definições, tema também discutido entre os estudiosos. A origem da palavra é religiosa, e designaria pequenos grupos que se separam de uma grande religião ou Igreja. De facto, a palavra vem do verbo latino "secare", que significa cortar, e refere-se a uma rutura de grupo geralmente ligada a uma doutrina heterodoxa, diferente da ortodoxa ou oficial, e a uma liderança específica.

Quando a sociologia começou a utilizar este termo no século XIX, herdou este significado, mas sem qualquer conotação depreciativa: as seitas seriam grupos pequenos, novos, coesos, com uma liderança carismática... por oposição às religiões tradicionais das quais se separaram. Nesse sentido, por exemplo, pode-se dizer que o cristianismo nasceu como uma seita do judaísmo, já que foi formado pelos seguidores de Jesus de Nazaré, um judeu com sua própria interpretação da Torá, ou que o protestantismo se originou como uma seita cristã. Mas ambas as realidades cresceram e se tornaram Igrejas. Até aqui, tudo bem.

Mas, na segunda metade do século XX, o termo começou a ser utilizado para designar grupos religiosos ou espirituais cujos seguidores rompiam radicalmente com a sua vida anterior e com as suas famílias, gerando uma nova personalidade. É aqui que entra em jogo a psicologia, pois são os profissionais de saúde mental, abordados pelas famílias afetadas, que começam a criar associações, pondo a ênfase não tanto nas doutrinas mas mais nas práticas destes grupos controversos. Falou-se de "lavagem ao cérebro" ou de técnicas de controlo da mente. Obviamente, já existe aqui um sentido pejorativo quando falamos de seita (em inglês, usa-se a palavra *cult*, e não *sect*, que remete para o primeiro sentido sociológico acima referido). É por isso que expressões como "seitas destrutivas" começaram a ser usadas em Portugal. É também por isso que por vezes se lê, sobretudo nos últimos anos, o termo "cultos" para designar seitas em português, por contágio do conceito inglês *cult*.

Uma definição amplamente utilizada é a seguinte, retirada de uma conferência realizada em 1985 em Wisconsin (EUA): uma seita é "um grupo ou movimento que exibe grande ou excessiva devoção ou dedicação a alguma pessoa, ideia ou coisa, e que emprega, de forma não ética, técnicas manipuladoras de persuasão e controlo, como, por exemplo, o isolamento de antigos amigos e familiares; enfraquecimento; utilização de métodos especiais para aumentar a sugestionabilidade e a submissão; pressões poderosas do grupo; suspensão da gestão da informação, da individualidade ou do juízo crítico e a promoção da dependência total do grupo e do medo de o abandonar concebidas para promover os objetivos dos líderes do grupo, em detrimento real ou potencial dos membros, das suas famílias ou da comunidade".

No entanto, há outra definição muito mais exata, e muito mais curta e fácil de memorizar, cunhada por Vicente Jara, investigador da Rede Ibero-Americana de Estudo das Seitas (RIES): "uma seita é um grupo social predador que pratica o mimetismo e o engodo"[4]. O especialista destaca três elementos: a natureza predatória (a procura das vítimas), o mimetismo (fazer-se passar por um grupo religioso, espiritual, cultural, desportivo, terapêutico, comercial, político...) e o engodo (a oferta de algo positivo ou interessante para a pessoa, que torna o grupo atrativo).

Os protagonistas: os líderes

Como é que surgem as seitas? Normalmente, respondem a uma acumulação de circunstâncias particulares, entre as quais se destacam as seguintes: uma pessoa —o fundador ou líder– que acredita ser alguém especial com uma missão única no mundo, num meio social com algum tipo de crise e um momento histórico específico. Isto leva-nos a olhar para a figura do líder, que é fundamental. Sem ele, seria impossível compreender este fenómeno. Tudo depende do guru, em cuja imagem o grupo foi configurado. O que é interessante, em termos do seu perfil, é que, embora possamos encontrar falsos, ou simples aldrabões, são muitas vezes pessoas que acreditam no que dizem e estão convencidas disso, o que alimenta a relação sectária. Vejamos isso mais em pormenor.

---

[4] Jara Vera, Vicente, "¿Qué es una secta? El criterio de demarcación", *Studium* 47 (2007) 347-393.

A primeira característica marcante dos líderes é a autoridade exercida de forma violenta sobre os seguidores. As seitas constituem uma relação de poder e dominação: o líder do grupo subjuga e manipula os seus seguidores. Esta autoridade, usada ilegitimamente numa dinâmica de grupo, coloca as características pessoais do líder acima do humano, conduzindo os seus membros a uma confiança cega, permitindo assim a sua exploração. A par do autoritarismo, é comum falar-se de "líderes carismáticos" no vértice da estrutura sectária. O carisma, essa capacidade inata de atração exercida por algumas pessoas nas suas relações com os outros é frequentemente combinado com uma elevada capacidade de persuasão que vai até à manipulação.

A perceção mais generalizada é a de que se trata de indivíduos com uma clara consciência messiânica, que se traduz nos comportamentos delirantes que tornam o fenómeno sectário tão extravagante. Não se trata, como algumas leituras superficiais parecem mostrar, de uma tática externa utilizada por indivíduos com grande habilidade e inteligência para se aproveitarem de indivíduos subordinados e deles obterem poder, dinheiro e sexo. Se aprofundarmos o fenómeno das seitas, encontramos uma longa lista de líderes totalmente convencidos do seu caráter especial, divino ou sobrenatural, que os torna seres superiores e escolhidos, com uma missão única na história da humanidade, e que legitima qualquer comportamento exercido sobre os seus seguidores. Nas seitas, o fim (libertação, salvação, conhecimento da verdade, autorrealização) justifica sempre os meios (manipulação, escravatura, mentira, agressão).

Um exemplo muito ilustrativo é o dos grandes massacres levados a cabo pelas seitas no último quartel do século XX, de que falámos na introdução do livro. É verdade que o impacto que tiveram na cultura contemporânea, especialmente através do bombardeamento dos meios de comunicação social, levou à geração de clichés imprecisos sobre a realidade do fenómeno sectário. Mas serviram também para pôr em evidência um dado fundamental para a compreensão do fenómeno: quase nenhum dos "protagonistas" destes massacres sobreviveu ao acontecimento que tornou o grupo em questão definitivamente conhecido.

Tudo isto levanta a questão: os líderes das seitas são indivíduos mentalmente equilibrados com algum grau de psicopatia ou têm um distúrbio de personalidade? A resposta não pode ser unívoca, dada a grande variedade de gurus. E se os analisarmos um a um, a nossa resposta também não pode ser de total fiabilidade diagnóstica, pois isso exigiria submeter cada líder aos instrumentos de avaliação correspondentes, o que é quase impossível. Em muitas ocasiones devemos contentar-nos com a observação externa, sobretudo, com os testemunhos dos seus antigos seguidores, o que implica uma maior subjetividade. Os estudos sobre o tema assinalam que, entre todas as perturbações presentes num grande número de líderes das seitas, os traços que se destacam com maior frequência e importância são os traços narcisistas e paranoicos[5].

Se olharmos para a personalidade narcisista, observamos uma auto-compreensão em termos de grandeza, atribuindo a si próprio uma exagerada importância, auto atribuindo-se muitos méritos, sabedoria, qualidades e talentos. Desta forma, o indivíduo narcisista é insensível às necessidades dos outros e interpreta-as em termos de fraqueza,

---

[5] Cf. SANTAMARÍA DEL RÍO, LUIS, "Psicopatía y sectas", em DE SANTIAGO HERRERO, FRANCISCO JAVIER – ROVELO ESCOTO, NUBIA CAROLINA – SÁNCHEZ-GIL, LUIS MIGUEL (eds.), *La psicopatía. Un enfoque multidisciplinar*, McGraw Hill, Madrid 2020, 199-221.

aproveitando-se dessa mesma fraqueza para os seus próprios interesses. Não é capaz de lidar racionalmente com a crítica, nem com os seus próprios erros, e por isso projeta a culpa nos outros. Além disso, o estabelecimento de relações num líder sectário narcisista dependerá da submissão dos seus interlocutores aos seus caprichos ou ao que estes possam fazer para atingir os seus objetivos, sejam eles seguidores ou pessoas externas ao grupo. Alguns autores chegam a identificar a personalidade manipuladora, tal como se encontra nas seitas, com este narcisismo, como o psicólogo uruguaio Álvaro Farías, que afirma que o perfil psicopatológico habitual dos líderes das seitas é o de um "perverso narcisista"[6].

Quanto à perturbação paranoica, pode ser identificada por atitudes de desconfiança e suspeita em relação aos outros, que levam a uma interpretação distorcida das suas intenções, sempre do ponto de vista do sujeito paranoico, que se considera objeto de um mal conscientemente infligido pelos outros. Assim, encontramos pessoas extremamente ressentidas e defensivas nas suas relações quotidianas. Um líder sectário com estas características parecerá racional e até frio, mas desenvolverá uma atitude combativa que, quando confrontado com reações hostis, reafirmará as suas expectativas anteriores, o que alimentará o seu pensamento paranoico. Quanto à vida interna do grupo, esse líder exercerá um controlo forte e intensivo sobre os seus seguidores. E é fácil para toda a seita adquirir traços paranoicos, à imagem e semelhança do líder, no seu funcionamento normal.

No entanto, noutras ocasiões, deparamo-nos com gurus que poderiam ser considerados sujeitos psicopatas, dada a

---

[6] Farías Díaz, Álvaro, *Sectas y manipulación mental. Un enfoque desde la Psicología*, Vita Brevis, Maxstadt 2015, 10.

complexidade de categorizar alguém assim, há autores que preferem classificá-los como perturbação da personalidade antissocial (*Antisocial Personality Disorder*, usando a terminologia do DSM-V). A realidade ordinária do fenómeno das seitas corresponde à presença quotidiana de psicopatas entre nós, não sendo raro que pessoas com estas características alcancem posições de poder a partir das quais podem subjugar os outros. Com frequência, os autores apontam habitualmente para o mundo da política e dos negócios. Neste contexto, as seitas são, portanto, um ambiente ideal para os psicopatas. Este, como muitos outros fatores, contribui para a aparência de normalidade e de bondade dos grupos sectários, quando encontramos movimentos cujos líderes, para um observador externo, não apresentam qualquer indício de perturbação da personalidade e parecem ser indivíduos equilibrados e coerentes, o que resulta num maior potencial de recrutamento devido ao relaxamento da suspeita por parte dos potenciais neófitos. Como é sabido, os psicopatas não são geralmente indivíduos estranhos, frustrados, desajustados ou mesmo idiotas, mas pessoas aparentemente normais, integradas e até reconhecidas pelo seu meio social.

Quando um líder sectário psicopata se envolve em comportamentos criminosos óbvios, é mais fácil reconhecê-lo desde o exterior. No entanto, se se mantiver dentro das margens que caracterizam a maioria das pessoas deste tipo, poderá passar desapercebido enquanto se adapta a si próprio e ao grupo às circunstâncias, adotando a cara que lhe convém em cada momento) manipulando os seus seguidores para conseguir o que quer deles, realizando um trabalho mais ou menos subtil para desacreditar os seus adversários externos e internos. Entretanto, para os seus seguidores significará um abuso psicológico que pode atingir níveis muito elevados, uma vez que o líder psicopata não se preocupa com as necessidades dos outros quando impõe os seus critérios e determina as suas relações.

Os psicopatas são geralmente considerados como tendo défices significativos de personalidade, pelo que a sua empatia e capacidade de se identificar e simpatizar com os outros é muito baixa. Também não conseguem ser afetados pelas reações emocionais das outras pessoas ao seu próprio comportamento. Por isso, um líder sectário deste tipo atuará com calma e será capaz de justificar qualquer comportamento de acordo com as doutrinas do movimento, cuja fonte é sempre ele, sem ser afetado por problemas de consciência ou questões morais. As incoerências vistas de fora da seita não aparecem como tal quando se participa da dinâmica do grupo, pois qualquer indício de crítica à incoerência ou à maldade do guru será imediatamente abafado por um esclarecimento que mistura elementos cognitivos, espirituais, doutrinários e afetivos.

As vítimas: os seguidores

Na relação sectária, os seguidores são a outra parte principal. Mas quem são as pessoas que caem nas seitas? Em qualquer explicação, a palavra "vulnerabilidade" vem imediatamente à mente. E assim é: as seitas exploram as vulnerabilidades do sujeito. Como diz o psicólogo espanhol Álvaro Rodríguez Carballeira, "não existe um perfil de personalidade definido que nos permita antecipar que um sujeito será membro de uma seita no futuro. No entanto, podemos falar de certos traços característicos, de um conjunto de tendências ou fatores que predispõem o sujeito a um estado mais vulnerável à influência externa e, especialmente, aos sistemas de persuasão e manipulação desencadeados pelas seitas coercitivas"[7]. Alguns desses traços são os seguintes:

A. A idade e a correspondente forma de reagir ao mundo. Desde sempre se constatou que a adolescência e a juventude são um período particularmente sensível, pois é uma idade crítica em que se está a formar a personalidade, em que se dá uma maturação importante, em que se procuram pontos de referência e se rompem os anteriores. Além disso, existe um certo desajustamento social conatural ao período juvenil. E isto pode ser aplicado às idades posteriores, quando nos deparamos com a imaturidade. Há episódios de desilusão com a realidade, utopia e rebeldia, desejo de mudar o mundo, desejo de ir contra a corrente e de ser diferente, uma necessidade de se identificar e de se destacar numa sociedade anónima e cinzenta, procurando em alternativas ideológicas, etc. Hoje em dia, vemos como muitas pessoas são atraídas pelas seitas a partir dos 30 e, sobretudo, a partir dos 40 anos. É por isso que não podemos ver o fenómeno sectário como um problema apenas dos jovens, mas de pessoas de todas as idades.

B. Certos traços específicos de personalidade. Algumas pessoas podem ser mais propensas ao recrutamento sectário devido à sua natureza introvertida, solitária ou depressiva, às dificuldades que encontram nas relações e na comunicação interpessoal, a um sentimento de insegurança e de confusão sobre a vida, à imaturidade emocional ou à baixa autoestima. Mas também podemos encontrar outros traços que normalmente não consideramos como deficiências, mas sim como virtudes e talentos. Por isso, o idealismo e o al-

---

[7] RODRÍGUEZ CARBALLEIRA, ÁLVARO, "La actuación de las sectas coercitivas", *Eguzkilore* 18 (2004) 247-268.

truísmo, a generosidade e a capacidade de se sacrificar pelos outros, o desejo de ajudar os outros e de fazer do mundo um lugar melhor, a capacidade de liderança também devem ser tidos em conta como fatores de recrutamento sobretudo no caso de algumas seitas.

C. Situações de crise pessoal. Ao contrário da secção anterior, em que vimos algumas características mais ou menos permanentes no sujeito, aqui referimo-nos a crises emocionais específicas, ligadas a experiências mais ou menos traumáticas, ou que são pelo menos vividas como tal subjetivamente. Podem ir desde problemas ou insucesso nos estudos até à rutura de uma relação sentimental, passando pelo stress, a doença, o medo de um futuro incerto no trabalho, a preocupação com a família ou a morte de alguém próximo e o necessário processo de luto.

D. A família. Na literatura clássica sobre a adesão às seitas foi mencionada a importância daquilo a que os autores chamam "um sistema familiar disfuncional", que pode dever-se a múltiplos fatores: rutura do casal, síndrome da ausência paterna, falta de afeto, laxismo doentio ou, pelo contrário, rigor, falta de comunicação intrafamiliar, maus tratos físicos ou psicológicos, superproteção que acaba por gerar dependência, etc. A seita jogará habilmente com qualquer falta de afeto que tenha uma origem familiar, apresentando-se ao seguidor como a sua nova família, não imposta pelo sangue, mas fruto de uma escolha pessoal.

E. A necessidade de transcendência. A procura de um sentido para a vida é uma dimensão fundamental, assim como a necessidade de uma visão do mundo que integre todos os aspetos da realidade e lhes dê uma certa coerência, respondendo, ou tentando responder, às grandes questões que o ser humano de todos os tempos se colocou. O homem é um ser religioso e, por isso, a ausência de socialização religiosa numa grande parte da sociedade predispõe-na para esta situação de vulnerabilidade às seitas. Além disso, o ritmo de vida atual faz com que haja uma tendência para procurar respostas fáceis e soluções mágicas para os grandes problemas da vida, pelo que as propostas das grandes tradições religiosas ou de outras cosmovisões filosóficas são rapidamente descartadas em favor de tudo o que soe a autoajuda e bem-estar de fácil acesso.

F. Falta de cultura religiosa. Aos fatores acima referidos, podemos acrescentar que muitas pessoas não estão hoje preparadas para discernir sobre as questões religiosas, nem para emitir um juízo crítico num domínio em que, como mais uma manifestação do relativismo e do "politicamente correto", prevalece o respeito total por qualquer crença, por mais irracional ou desumana que seja, de modo que tudo é legitimado em pé de igualdade com os outros neste "supermercado religioso". Em muitas cidades espanholas existe um organismo denominado "Mesa inter-religiosa" que, sob a bandeira da igualdade y fraternidade, nivela todas as realidades religiosas sejam do tipo que sejam, ainda que defendam princípios contrários à cultura dominante e às normas mais básicas de convivência. Tudo para que se chegue a afirmar que todas as religiões são iguais e que por isso devem ter o mesmo tratamento por parte das autoridades ou da cidadania, o que é totalmente falso. Neste âmbito se observa frequentemente a presença de movimentos religiosos suspeitos de grande sectarismo. É cada vez mais fácil as seitas enganarem apresentando-se com um disfarce religioso ou espiritual, fazendo-se passar por verdadeiros grupos cristãos, muçulmanos, hindus, budistas, e a isso muito contribui o défice de educação religiosa da sociedade.

G. Interesse pelo oculto e pelo misterioso. É preocupante que, paralelamente ao declínio da religião institucional, todo o campo do esotérico, da parapsicologia e da perceção extrassensorial, as chamadas "ciências ocultas" e as "artes divinatórias" estejam a ganhar importância na nossa sociedade. Este facto torna as pessoas mais sensíveis a ofertas para-religiosas que podem levar a dinâmicas de manipulação através de sistemas de crenças irracionais.

Os números (e o contexto) de uma realidade

Como referimos na introdução deste livro, calcula-se que nos países ocidentais cerca de 1% da população pertença a seitas. Em Espanha, por exemplo, nos últimos anos, várias entidades avançaram com a cifra de cerca de 400.000 pessoas pertencentes a seitas. E, como também dissemos na introdução, podemos afirmar com segurança que em Portugal a percentagem da população pertencente a seitas poderá duplicar para 2%. Isto porque só as três principais seitas cristãs do mundo têm mais de 100.000 seguidores em Portugal. Não é, pois, descabido calcular que mais de 200.000 portugueses poderão estar nas redes das seitas.

Trata-se, portanto, de um problema importante em termos quantitativos. Mas também qualitativamente, uma vez que pertencer a um grupo deste tipo gera uma série de distorções não só a nível pessoal, mas também no ambiente imediato, e em muitas ocasiões as famílias afetadas experimentam um sofrimento intenso que é aumentado pela falta de compreensão que sentem à sua volta e pela falta de ajuda das administrações públicas. Trata-se de uma dor silenciosa, uma vez que o trauma e a vergonha impedem uma visibilidade adequada daquilo por que passam estas famílias, e silenciada já que os meios de comunicação social por vezes não a abordam de forma adequada e as instituições políticas desinteressam-se do assunto.

A outra questão que se coloca de imediato é a do número de seitas existentes em Portugal. Em Espanha, por exemplo, são por vezes referidos números que vão de 200 a 400 grupos. Mas qualquer tentativa de cálculo neste domínio é, à partida, errada. A demonstrá-lo está o facto de uma investigação exaustiva sobre as seitas cristãs em Espanha dar uma centena de resultados, quando estes são os grupos menos bem sucedidos atualmente. Será que devemos multiplicar este número? Quando me fazem esta pergunta algures: "quantas seitas há nesta província, nesta região?", respondo, meio a brincar, meio a sério: "milhares". Sim, em primeiro lugar, porque é impossível conhecê-las todas, devido à sua pequena dimensão, ao seu nascimento recente ou ao seu desejo de permanecerem secretas. E, em segundo lugar, porque a Internet e as redes sociais globalizaram o fenómeno sectário de tal forma que com o acesso todas as seitas do mundo têm acesso a nós e nós a elas.

Tradicionalmente, o fenómeno sectário está associado à religião. A expressão "seitas religiosas" é mesmo utilizada. Isto é verdade de certa forma, uma vez que as seitas podem ser consideradas uma "patologia da religião", uma versão desviante, (como o fundamentalismo ou a superstição, por dar dois exemplos díspares. No entanto, como este livro mostra, não se trata sobretudo de uma questão de crença, mas de manipulação e de exercício de um poder absoluto através das crenças e dos afetos.

Mas aqui surge outra questão: por que razão, num mundo secularizado, em que a religião é cada vez menos importante, tanto a nível pessoal como social, ainda existem seitas e continuam a ter êxito? Por que razão, quando estamos mais conscientes da importância da liberdade, há pessoas que se submetem ao jugo de gurus sem escrúpulos? As respostas poderiam ser muitas, todas elas necessárias para compreender este fenómeno complexo e multifacetado. Temos de falar das grandes interrogações da humanidade sobre o sentido de tudo, da ânsia de transcendência e da necessidade de certezas e de seguranças. Mas também da atração irresistível do poder e da manipulação dos outros, como vimos, e como será detalhado no capítulo seguinte.

Porque é que uma sociedade livre e plural como a nossa, que atingiu níveis inimagináveis de educação, cultura, desenvolvimento e progresso, assiste ao crescimento de fenómenos sectários e às consequências negativas que estes têm para os indivíduos e para as famílias? Talvez as respostas não sejam muito diferentes das que daríamos se nos colocássemos a mesma questão desde outras perspetivas: porque é que num mundo cada vez mais rico há cada vez mais pobres, porque é que num mundo cada vez mais tolerante há cada vez mais violência, porque é que num mundo cada vez mais igualitário há cada vez mais discriminação?

Encontramo-nos certamente numa sociedade em crise, que é o terreno ideal para a proliferação de seitas e de manipuladores. Porque não podemos esquecer que a chave da ação das seitas não é, em primeiro lugar, o ganho pessoal de qualquer tipo, como o económico ou sexual, por parte dos dirigentes, mas o exercício de um abuso psicológico que visa subjugar as pessoas exercendo poder sobre elas. Este mecanismo está a ser estudado em paralelo com outras formas de violência psicológica, mais amplamente discutidas, como o *mobbing*, o *bullying* e a violência entre parceiros íntimos[8].

Claro que tudo isto é a nível global, mas e a nível pessoal? Porque, apesar de estarmos condicionados por um ambiente e por fatores sociológicos, a questão decide-se no interior de cada indivíduo. E aqui está outra chave importante: porque é que uma pessoa adere a uma seita, ou se deixa enganar por ela? Qual é o perfil de quem tem mais probabilidades de ser candidato do que outro a tornar-se seguidor de uma seita? Claro que há pessoas que, devido a certas características da sua personalidade, serão mais atraentes do que outras, como vimos na secção anterior. Mas não pensemos apenas em fatores negativos como a baixa autoestima, dificuldades de relacionamento ou similares. Podem também ser lutadores, pessoas tenazes e inconformistas que procuram um mundo melhor, utópicos ou com uma sensibilidade espiritual especial. E, para além disso, a experiência diz-me que qualquer pessoa pode ser apanhada se a encontrar no momento certo, numa fase mais vulnerável, seja qual for o motivo.

Porque, não o esqueçamos, todos temos necessidades afetivas e necessidades de sentido. As seitas vão ao coração, isto é, se não ao centro da pessoa, à sede do amor e da espiritualidade. A pessoa é relação, e as seitas manipulam sobretudo as suas relações fundamentais, ocupando de forma totalitária o papel de Deus e dos outros. Todos te-

---

[8] Um advogado espanhol, doutorado em Direito penal, publicou recentemente um estudo comparativo entre a manipulação psicológica das seitas e a violência doméstica: BARDAVÍO ANTÓN, CARLOS, "Violencia de género psicológica y persuasión coercitiva: dos violencias especiales ¿y una misma raíz de lo injusto?", *Revista Electrónica de Ciencia Penal y Criminología* 25 (2023) 1-53, disponível em: http://criminet.ugr.es/recpc/25/recpc25-09.pdf

mos necessidade de ser reconhecidos e amados. Todos aspiramos a identificar-nos com um grupo. Todos temos um desejo de absoluto, de compreender a realidade e de explicar a nossa origem e o nosso destino. As seitas exploram estas duas realidades humanas fundamentais, chegando até nós e convencendo-nos através do afetivo e do espiritual.

Tantos problemas pessoais e familiares podem deixar-nos vulneráveis a eles. Quantos momentos de solidão e de sofrimento, ruturas, fracassos, doenças, traumas, depressão, perda de entes queridos, desesperança, falta de espiritualidade, desorientação na vida nos tornam frágeis. Tudo isto deve ser tido em conta. Porque uma coisa é certa, a formação intelectual não é tudo. Falei do afetivo e do espiritual. Não falei de modo algum do puramente racional. As estatísticas mostram, e a experiência confirma, que tudo o que é esotérico e *New Age* é mais aceite por pessoas com maior educação e formação, e em ambientes mais urbanos e modernos. É curioso, não é? O coração...

Os cúmplices das seitas

Um aspeto que deve ser salientado é que, para além de todos os fatores sociais e pessoais que vimos, constatamos que as seitas contam com a ajuda preciosa de instituições que, muitas vezes, não sabem o que estão a fazer ou, no pior dos casos, fazem-no com toda a boa vontade, mas contribuem erradamente para os danos sociais e pessoais causados pelas seitas. Refiro-me, sobretudo, a três grandes cumplicidades: a das administrações públicas, a dos meios de comunicação social e a das próprias religiões.

A. As administrações públicas. Em primeiro lugar, indiretamente, devido à dificuldade em compreender este fenómeno e em agir. As vítimas das seitas estão totalmente indefesas nos casos de manipulação e de abuso psicológico. Quando o seguidor é maior de idade, a família em causa vê-se confrontada com a inação da justiça e das forças de segurança. Se não houver um crime claro, e isso é difícil de provar, uma vez que os crimes das seitas ocorrem geralmente num ambiente privado e sem possibilidade de gerar provas, nada pode ser feito. Mesmo quando há crimes claros, a dificuldade mantém-se, devido à capacidade das seitas se fazerem passar por vítimas de intolerância ou de caça às bruxas quando há desmascaramento ou ação crítica.

Evidentemente, é difícil abordar esta questão no domínio jurídico e legal, porque estão em jogo muitos direitos e liberdades. E é muito delicado, para além de complicado, avaliar a oportunidade de criminalizar a manipulação mental, como acontece, por exemplo, em França. Mas há que fazer alguma coisa. Acima de tudo, temos de ouvir as vítimas e as pessoas afetadas e levar a sério o fenómeno sectário. E há outra coisa que é necessária, e creio que mais fácil de pôr em prática pelas administrações públicas: a criação de programas de prevenção, orientação e ajuda sobre este tema, no âmbito dos serviços sociais. Por exemplo, em Espanha, existe apenas um organismo público que dispõe de um profissional dedicado a este tema: um psicólogo no programa de toxicodependência da Câmara Municipal de Marbella, na província de Málaga[9].

Isto estava indiretamente relacionado com as administrações públicas. Mas há também uma cumplicidade direta, quando as câmaras municipais, os governos regionais, ou

---

[9] SANTAMARÍA DEL RÍO, LUIS, "Así se trabaja en el único ayuntamiento de España que ayuda a víctimas de sectas", *Aleteia*, 28/02/17, disponível em: https://es.aleteia.org/2017/02/28/asi-se-trabaja-en-el-unico-ayuntamiento-de-espana-que-ayuda-a-victimas-de-sectas/

as instituições do Estado cedem os seus espaços para as atividades dos grupos sectários. Não só facilitam as estratégias de recrutamento das seitas, como também lhes dão uma proteção institucional que as legitima aos olhos da sociedade. Isto acontece todos os dias em toda a Espanha. E quando qualquer associação ou qualquer pessoa intervém para informar ou denunciar, somos tachados de intolerantes e de caçadores de bruxas, inclusive pelos próprios representantes públicos. Pode perguntar-se: será apenas ignorância, ou a que se deve esta cumplicidade, com a voluntariedade e a crueldade, com as simpatias ou com as pertenças?

B. Os media. Cada vez mais encontro órgãos de comunicação social que tratam seriamente a questão das seitas, que têm jornalistas bem formados e interessados neste fenómeno, que fazem um trabalho de grande qualidade mostrando esta realidade e o que ela faz às suas vítimas. Mas, por outro lado, por razões simplesmente económicas, permitem que gurus, pseudoterapeutas, mágicos, cartomantes e outros farsantes do mundo das novas espiritualidades façam publicidade nas suas páginas. E quando algum de nós o denuncia, é imediatamente apontado. É comum vermos os nossos jornais nacionais a promoverem os videntes e xamãs em reportagens e eventos de crescimento pessoal. Tudo isso é pago, é claro, mas é algo que o leitor comum não sabe e pode até acreditar.

C. A cumplicidade das religiões tradicionais. No nosso caso, olhamos especificamente para a Igreja Católica. Acontece aqui algo semelhante ao que referi nas instituições públicas. Em primeiro lugar, de forma indireta, porque esta questão não é levada a sério a nível oficial, aparecendo apenas de forma pontual, por parte de algumas pessoas que nela estão envolvidas, o que deveria ser algo assumido pela própria

Igreja nas suas linhas de ação pastoral, tendo em atenção o que diz o magistério oficial da Santa Sé e dos bispos[10]. Além disso, há uma cumplicidade direta da Igreja quando espaços católicos, sobretudo casas de espiritualidade, mosteiros, conventos ou escolas, são cedidos, ou alugados, para atividades de seitas e movimentos que se podem situar diretamente na nova religiosidade e no esoterismo. Imagine o apoio moral e a legitimidade dada a estes grupos quando desenvolvem o seu trabalho de recrutamento e doutrinação nas instalações da Igreja. E quando alguns de nós se queixam, o silêncio é habitual ou as reações de raiva são as mesmas que se manifestam em relação aos novos inquisidores.

---

[10] Cf. SANTAMARÍA DEL RÍO, LUIS, "El Magisterio de la Iglesia Católica sobre la nueva religiosidad", *Pro Dialogo* 148-149 (2015) 133-146.

OS MECANISMOS DA MANIPULAÇÃO PSICOLÓGICA

Há muita discussão sobre a adesão às seitas. Num extremo está a posição daqueles que dizem que quem adere a uma seita fá-lo sem liberdade porque foi enganado e manipulado. Neste caso, são utilizados termos como "lavagem cerebral" (*brainwashing*), controlo da mente, persuasão coercitiva, etc. É aqui que muitos psicólogos sociais, a maioria das famílias afetadas e, sobretudo, os especialistas das instituições, os estudioso e os críticos rotularam este fenómeno de "seitas destrutivas", e enquadraram-no com o termo genérico "movimento anti-seitas" (*anticult movement*). Em suma: culpa-se o grupo.

Por outro lado, há quem atribua a responsabilidade ao indivíduo que adere ao grupo sectário, muitas vezes designado por "novo movimento religioso" ou "nova religião" por sua própria iniciativa, no exercício da sua liberdade, mesmo que possa cometer um erro na sua escolha. O grupo estaria isento de qualquer culpa e o fenómeno da pertença sectária teria de ser explicado com base na liberdade de religião e na liberdade do indivíduo numa sociedade plural, na qual existe uma diversidade de ofertas de sentido e de liberdade de associação. Falar de sectarismo implicaria um estigma e um rótulo pejorativo que é inadmissível num mundo pluralista como o nosso. A defender esta posição, teríamos muitos sociólogos da religião, antropólogos e, sobretudo, as próprias seitas e os seus defensores, incluindo os académicos.

As coisas não são assim tão simples, mas a partir dos estudos de psicologia social, desde os seus primórdios como disciplina, sabemos que a influência de algumas pessoas sobre outras pode atingir limites insuspeitados, sem necessidade de violência física ou de ameaças verbais. Estamos no domínio da violência psicológica, e a experiência de muitas décadas mostra-nos que há muito disso no fenómeno sectário.

Como é que alguém adere a uma seita?

O mecanismo de adesão a uma seita é, acima de tudo, um processo. Deve sublinhar-se que não se trata de um acontecimento isolado, mas de um processo progressivo, cuja duração e intensidade dependem em grande medida do grupo específico, da pessoa recrutada e de outros fatores circunstanciais que podem variar. Apesar da sua complexidade, este processo pode ser resumido em três etapas principais:

A. Recrutamento. Os métodos para o efeito são variados. Depois de selecionar o alvo, algo que poderíamos mesmo considerar uma fase anterior à qual a pessoa a recrutar é totalmente alheia, tentaremos atraí-la através de diferentes técnicas: conversa na rua, visitas ao domicílio, venda de produtos, reuniões de meditação, retiros na natureza, terapias psicológicas, conferências interessantes, concertos, cursos de inglês ou cursos para deixar de fumar, sessões de yoga, atividades de lazer e de tempos livres... Qualquer que seja a atividade específica, o seu objetivo é despertar o interesse inicial do seguidor, levando-o a envolver-se e a comprometer-se cada vez mais com o grupo. Utilizam o engano e a ocultação seletiva da informação, de modo a que a pessoa recém-recrutada desconheça os verdadeiros objetivos do grupo e o nível de compromisso que isso representará a curto prazo. "Se me tivessem dito no início que tinha de fazer isto, não teria aderido...", dizem frequentemente os antigos seguidores.

B. Conversão. Após este primeiro contacto, tenta-se levar o prosélito a frequentar o local de reunião do grupo ou a vida comunitária. É aí que se dá geralmente o "bombardeamento de amor" (*love bombing*): uma efusão de afeto e de atenções para com o recém-chegado, fazendo-o sentir-se importante. A seita aproveita-se das carências afetivas e espirituais do homem, oferecendo-lhe o afeto e a verdade que ele deseja. É a sua nova família, onde é considerado e amado, e não apenas mais um número. Para o conseguir, controla-se e manipula-se a informação recebida; cortam-se as relações com o exterior, gerando um isolamento efetivo; procede-se a uma transformação da linguagem e introduz-se uma visão dicotómica, entre muitas outras estratégias de persuasão coercitiva que veremos na secção seguinte.

C. Doutrinação. As barreiras psicológicas foram derrubadas e as doutrinas do movimento, por mais estranhas ou implausíveis que sejam, podem ser apresentadas à pessoa. "Como é que eu pude acreditar nisto?", perguntam-se muitos depois. São também apresentadas técnicas de retenção, que têm por objetivo dificultar a saída do adepto do grupo, e que se centram no desenvolvimento do medo e da culpa da vitima. Essas mensagens vêm sob a forma de regras e elementos incluídos no próprio conteúdo doutrinário, alertando e recomendando, ao longo do processo o quanto seria inconveniente trair os princípios oferecidos. As mensagens de condenação e de sofrimento de males irreparáveis impressionam os membros destas organizações, de tal forma que, muitas vezes, as suas dúvidas sobre certos aspetos do grupo desaparecem com medo do que lhes possa acontecer se saírem.

Persuasão coercitiva ou abuso psicológico em grupos

Como acabámos de ver de uma forma muito resumida, as seitas selecionam o seu público-alvo e dirigem-lhe as suas ações de recrutamento ou de proselitismo que, após um primeiro contacto, darão lugar a estratégias de conversão e de doutrinação. Aquilo a que vulgarmente se chama "lavagem ao cérebro" não é mais do que a aplicação sistemática de técnicas do que hoje é habitual denominar com rigor "persuasão coercitiva" ou "abuso psicológico de grupo". Estes são os dois conceitos que atualmente se utilizam para designar o que se passa nas seitas, como veremos mais adiante. O objetivo destas técnicas é submeter as pessoas ao grupo, gerando dependência pessoal e dificultando a sua saída.

O conceito de "persuasão coercitiva" tem uma longa história desde que foi cunhado nos anos 60, quando foi aplicado pela primeira vez à doutrinação de prisioneiros de guerra. Segundo José Miguel Cuevas, que dedicou a sua tese de doutoramento à avaliação desta dinâmica no contexto sectário, "a persuasão coercitiva é definida como qualquer ato deliberado de uma pessoa ou grupo para influenciar as atitudes ou o comportamento de outras pessoas, com base no uso da força física, psicológica ou social, direta ou indireta, manifesta e/ou latente"[11]. Trata-se, portanto, de um processo de influência social que consegue alterar a identidade do sujeito, criando uma nova "pseudo-identidade", mas dando a aparência de "normalidade".

As estratégias concretas de persuasão coercitiva são, para Cuevas, de quatro tipos. As primeiras são técnicas de controlo ambiental: isolamento e enfraquecimento dos laços sociais; controlo da informação; criação de um estado de dependência existencial e enfraquecimento psicofísico. Em segundo lugar, as técnicas de controlo emocional: ativação de emoções positivas; ativação de emoções negativas e aplicação seletiva de recompensas e castigos. O terceiro tipo são as técnicas de controlo cognitivo: desvalorização do pensamento crítico; recurso à mentira e ao engano; exigência de condescendência e identificação com o grupo; controlo da atenção; controlo da linguagem e alteração das fontes de autoridade. Finalmente, nalgumas ocasiões, técnicas dissociativas.

O segundo conceito que se destaca atualmente, muito semelhante ao anterior, é o de "abuso psicológico em grupo". Não é por acaso que há autores que utilizam este termo indistintamente com persuasão coercitiva ou, como é o caso de Álvaro Rodríguez Carballeira, que depois de ter

---

[11] CUEVAS BARRANQUERO, JOSÉ MIGUEL, *Evaluación de persuasión coercitiva en contextos grupales* (tese de doutoramento), Universidad de Málaga, Málaga 2016, 220. Disponível em: https://riuma.uma.es/xmlui/handle/10630/11454

contribuído para a introdução do termo persuasão coercitiva[12], é atualmente um dos maiores defensores da utilização do abuso psicológico nos grupos. O grupo *Invictus Investigación*, que dirige, define este conceito como "um processo de aplicação sistemática e contínua de estratégias de pressão, controlo, manipulação e coerção com o objetivo de dominar outra(s) pessoa(s) para a(s) submeter ao grupo"[13] .

Para concretizar a sua definição e permitir a sua aplicação, estes investigadores desenvolveram uma taxonomia de 26 estratégias de abuso psicológico grupal, reunidas em 6 categorias: isolamento; controlo e manipulação da informação; controlo da vida pessoal; abuso emocional; doutrinação num sistema de crenças absolutas e maniqueístas, e imposição de uma autoridade única e extraordinária. A par da descrição de cada uma das técnicas de natureza abusiva, os autores sublinham que estas devem ser de natureza sistemática e de duração prolongada no tempo. Não se trata de uma simples agressão psicológica pontual, para além de terem como objetivo principal a subjugação da pessoa, nem tão pouco de ações comuns de influência.

Uma análise das estratégias de abuso

Como acabámos de dizer, de acordo com o grupo académico *Invictus Investigación*, as estratégias de abuso psicológico nas seitas podem ser classificadas em seis tipos. Va

---

[12] Cf. RODRÍGUEZ CARBALLEIRA, ÁLVARO, *El lavado de cerebro. Psicología de la persuasión coercitiva*, Boixareu, Barcelona 1992.
[13] RODRÍGUEZ CARBALLEIRA, ÁLVARO et al., "Abuso Psicológico en Grupos: Taxonomía y Severidad de sus Componentes", *International Journal of Cultic Studies* 7 (2016) 41-54. Disponível em: https://articles1.icsahome.com/articles/abuso-psicologico-en-grupos

mos agora analisar todas as estratégias (26 no total), seguindo esta taxonomia.

1. Isolamento: consiste em separar a pessoa das suas relações mais importantes (família, amigos, rede de apoio social) para que se envolva cada vez mais no grupo. Inclui estas quatro estratégias:

1.1. Isolamento da família: uma das primeiras coisas que uma seita faz é separar o seguidor do seu ambiente familiar, ou distanciá-lo o mais possível. Este é um passo fundamental que visa o isolamento afetivo e cognitivo, tornando a pessoa mais suscetível à influência do grupo e sem o aconselhamento da sua rede social fundamental. A seita, de uma forma ou de outra, apresenta-se como a nova família do membro, e as suspeitas recaem sobre a família de origem ou natural. É frequente que, muito subtilmente, se façam comentários que convidam à desconfiança e à ocultação dos primeiros passos dados no seio do grupo.

1.2. Isolamento dos amigos e da sua rede de apoio social: paralelamente ao que acabámos de ver em relação à família, procura-se separar ou distanciar o seguidor das suas amizades anteriores e, em geral, da rede de pessoas do seu meio social. De facto, um dos primeiros sintomas da adesão a uma seita, ou uma das formas que o recrutamento pode assumir, é que a pessoa começa aparentemente a relacionar-se com um "novo grupo de amigos", o que a leva a afastar-se dos seus amigos habituais.

1.3. Isolamento do trabalho, dos estudos e dos passatempos: seguindo a mesma linha das duas estratégias anteriores, o novo seguidor é isolado, ou pelo menos distanciado, de forma a ficar em segundo plano, em relação ao que era até então a sua atividade profissional ou educativa, os seus passatempos, etc.

1.4 Isolamento noutro local de residência: não é o mais comum agora, mas pode haver casos em que se incentiva a mudança de local de residência, de modo a que o seguidor fique geograficamente distante da família e dos amigos. Procura-se assim um elevado grau de imersão ou mesmo de confinamento no próprio espaço de vida do grupo, que atinge o seu auge se houver vivência comunitária.

2. Controlo e manipulação da informação: consiste em selecionar e interpretar a informação que chega ao seguidor de forma a favorecê-lo, utilizando o engano e a manipulação dos conteúdos que chegam ao seguidor, principalmente através destas duas estratégias:

2.1. Manipulação da informação: inclui desde o engano, mentira pura e simples, até ao tratamento da informação que chega ao membro do grupo, a sua manipulação e, se necessário, a sua ocultação, de acordo com os interesses da seita, que procura monopolizar a informação que a pessoa recebe. Há também um grande cuidado em ensinar ao seguidor quais as informações que devem ser partilhadas com pessoas fora do grupo e quais as que não devem ser transmitidas.

2.2. Manipulação da linguagem: a seita apresenta-se como um mundo alternativo, diferente, que utiliza uma linguagem também alternativa e diferente do resto do mundo. Por isso, é comum a seita usar termos próprios e cunhar neologismos, dando-lhes um significado peculiar, de grande importância para o grupo, com intensa sobrecarga emocional e ideológica. Abusa-se do uso de clichês, o que facilita o raciocínio simplista e leva a formulações radicalmente dicotómicas ou maniqueístas, que aumentam a capacidade de influenciar a pessoa.

3. Controlo da vida pessoal: consiste em alcançar progressivamente um conhecimento profundo da vida da pessoa para poder intervir nela e controlá-la, o que inclui os bens materiais, as atividades e a ocupação do tempo, o comportamento, a afetividade e a sexualidade, o estado psicofísico e, em suma, a sua própria existência. Estas são as seis estratégias concretas:

3.1. Controlo-abuso da economia: o grupo apressa-se a investigar a situação económica do seguidor e, a partir desse conhecimento, já não é necessário pedir dinheiro diretamente, mas pode habilmente condicionar as decisões tomadas pela pessoa de modo a obter maiores quantidades de bens materiais para a seita. Tudo isto, com a aparência de que se trata de contribuições voluntárias, fruto da vontade generosa da pessoa, que não tem consciência do forte condicionamento a que está a ser sujeita.

3.2. Controlo das atividades e do uso do tempo: muito mais importante do que o controlo económico do seguidor, e geralmente anterior à estratégia precedente, é condicionar gradualmente a organização da vida da pessoa de acordo com as ideias da seita, de modo a que as suas ocupações sejam orientadas para essas ideias. Assim, cada vez mais o seu tempo será dedicado ao que o grupo está a fazer, ou o grupo supervisionará o que a pessoa está a fazer em cada momento. Por outro lado, esta ocupação crescente impedirá o membro de ter outras oportunidades de contacto, troca ou aquisição de informação fora da seita, aumentando assim o seu isolamento do mundo exterior.

3.3. Controlo-inspeção de comportamentos: nas seitas, é comum a existência de mecanismos exaustivos de monitorização do comportamento de cada indivíduo. Este controlo é claramente fácil quando existe vida comunitária, com procedimentos que incluem a espionagem, a denúncia ou a confissão de faltas, pondo fim a todo o respeito pela privacidade e intimidade dos seguidores. É também realizado de outras formas quando não existe tanto contacto físico, com as facilidades proporcionadas pelas novas tecnologias, com as quais o sujeito pode ser vigiado ou controlado a qualquer momento.

3.4. Controlo das relações afetivas e da vida sexual: para se conseguir um controlo total sobre a vida de uma pessoa, é essencial gerir o seu mundo afetivo e sexual, e as seitas têm isso muito em conta. Por isso, são os líderes ou a própria dinâmica de grupo que decidem as relações dos seguidores, a possibilidade ou não de terem um parceiro e quem deve ser esse parceiro, assim como o juízo sobre a legitimidade de certas práticas sexuais. Desta forma, embora não haja agressão sexual direta, há abuso sexual encoberto, uma vez que não é permitida a autodeterminação do sujeito nesta matéria.

3.5. Controlo-fraqueza do estado psicofísico: em muitas ocasiões, e sobretudo quando há vida comunitária em grupo, realizam-se práticas que, embora possam ter uma explicação espiritual ou "superior", o que pretendem, e conseguem, é tornar a pessoa mais vulnerável, enfraquecendo-a física e psiquicamente, seja através de uma má alimentação, do excesso de trabalho, da falta de sono, da procura de estados alterados de consciência ou mesmo de maus tratos físicos. Isso inclui também a desatenção aos problemas de saúde que o seguidor possa ter, a tentativa de "resolvê-los" por outros meios que não a medicina, a rejeição aos profissionais de saúde e até mesmo aos tratamentos necessários à saúde e sobrevivência pessoal.

3.6. Controlo da própria existência: em suma, todas as dinâmicas da seita tendem a procurar, de uma forma ou de outra, que o seguidor renuncie à sua própria vontade, deixando ao grupo as decisões sobre a sua vida, sejam elas as mais importantes ou as mais insignificantes.

4. Abuso emocional: este é outro capítulo muito importante no processo de manipulação, pois procura influenciar os sentimentos do seguidor para o levar à submissão total ao grupo. Como veremos, o que inicialmente será uma ativação de emoções positivas e uma exigência de entrega entusiástica, rapidamente dará lugar a ameaças e intimidações, humilhações e rejeições, manipulação da culpa, dinâmicas de recompensa/punição, etc. Em suma, as sete estratégias seguintes:

4.1. Ativação auto-interessada de sentimentos positivos: desde o início, a seita realiza um desdobramento de atitudes gerais e ações concretas que visam ativar emoções positivas na pessoa que acaba de chegar, para que ela se sinta bem, muito bem. O objetivo é que o seguidor associe o grupo a um estado de bem-estar, a sensações agradáveis. É o que se costuma chamar de *love bombing*, e tem como objetivo ligar emocionalmente a pessoa à seita, para que tenha vontade de voltar a encontrar essas pessoas, num ambiente onde se sinta reconhecido, apreciado e amado.

4.2. Exigências de devoção afetiva e entusiástica: de acordo com o que foi dito acima, a pessoa é encorajada, na verdade pressionada, a dedicar-se ao grupo e à sua dinâmica interna, e a fazê-lo de bom grado e com alegria, com entusiasmo e excitação. Para isso, joga-se com uma certa "obrigação" que o seguidor sente de agradecer ou compensar todo o bem que está a receber da seita. É-lhe incutida a ideia de que só se houver esta dedicação pessoal, só se fizer o esforço necessário, é que os objetivos pessoais e grupais desejados poderão ser alcançados.

4.3. Intimidação ou ameaça: é normal que as pressões negativas não apareçam no início, mas sim quando o seguidor já foi convenientemente atraído, e encurralado, pelas duas estratégias anteriores. É numa segunda fase que as ameaças ou intimidações podem ser introduzidas de forma velada, procurando assustar a pessoa, alertando para as possíveis consequências negativas da sua falta de empenhamento no grupo, da sua desobediência ou mesmo do seu abandono. Consequências ou danos que podem ser físicos, psicológicos, espirituais, familiares, etc. Obviamente que isto também serve como uma forte estratégia de condicionamento e retenção dos membros da seita.

4.4. Desprezo, humilhação ou rejeição: são outra forma de pressão negativa que pode incluir desprezo, insultos, práticas humilhantes, vazio e rejeição do grupo quando a pessoa se desviou do que a seita espera dela, desobedeceu a uma regra ou fez algo que vai contra os interesses da comunidade. Serve como advertência e medida preventiva para quem está a pensar em alguma transgressão, mas sobretudo para subjugar qualquer membro desviado, intensificando a pressão do grupo sobre ele.

4.5. Manipulação do sentimento de culpa: como se pode observar em todas essas estratégias, o objetivo é infantilizar o seguidor, e a prática de trazer à tona o sentimento de culpa por qualquer atitude, conduta ou omissão que os líderes lhe atribuam também contribui para isso. Desta forma, a pessoa pode ser culpabilizada por males pessoais, bem como por problemas no grupo e até por situações negativas fora da seita, sem que o seguidor tenha nada a ver com isso.

4.6. Induzir a confissão de comportamentos, pensamentos e sentimentos "desviantes": em relação à estratégia anterior, impõe-se por vezes a prática de confessar comunitariamente, perante todo o grupo reunido, ou pessoalmente, perante os líderes, as infrações às regras ou quaisquer outros comportamentos ou mesmo pensamentos que se desviem do estabelecido pela seita. Assim, o seguidor sente-se vulnerável ao ter de partilhar obrigatoriamente a sua privacidade e a sua consciência com os outros, e estes últimos aumentam a sua capacidade de influência e de retenção ao manusearem a informação privada do sujeito que podem usar contra ele, quer dentro ou fora do grupo.

4.7. Conceder o perdão: se a seita joga com a culpabilidade dos seguidores, explora também o poder sobre eles perdoando-lhes as transgressões, levantando os castigos, aceitando-os de novo no grupo ou qualquer outra atitude que tenha a aparência de misericórdia ou magnanimidade, reforçando assim o laço sectário do seguidor e a sua "dívida eterna" para com o grupo e os seus líderes.

5. Doutrinação num sistema de crenças absolutas e maniqueístas: as ideias, crenças e valores anteriores do sujeito são descartados e substituídos por um novo sistema doutrinário rígido e maniqueísta, com o sentimento de ser um escolhido. O pensamento crítico é denegrido, a ideologia é imposta acima de tudo e tudo o que é externo é rejeitado. Especificamente estas cinco estratégias podem ser identificadas:

5.1. Reconstrução negativa do próprio passado e da identidade anterior: é inculcada no seguidor a ideia de que a sua vida antes de entrar no grupo não tinha valor ou significado e não tinha elementos bons ou recuperáveis. Do ponto de vista das crenças da seita, que são progressivamente assumidas, tudo o que era anterior é negativo e foi o resultado de um erro ou da ignorância, algo que teria mudado radicalmente desde o início desta nova etapa da vida.

5.2. Denegrir o pensamento crítico: qualquer dúvida, qualquer desacordo ou pensamento divergente é interpretado como uma ameaça, não só para o grupo e o seu desenvolvimento, mas também para a própria pessoa que se permite acolhê-los no seu interior. Serão desacreditados como consequência de uma falta de confiança, de uma atitude ingrata ou como sintoma de qualquer desequilíbrio ou regressão espiritual ou cognitiva, e serão rejeitados como atitudes inaceitáveis, e mesmo sancionados e punidos em conformidade.

5.3. Exigência de identificação plena com a doutrina e sua aplicação: deixando claro que não é possível sair dos parâmetros do grupo, os adeptos são induzidos a uma total conversão existencial às ideias e crenças da seita, que devem ser assumidas integralmente, aplicadas na própria conduta e obedecidas à risca. Não é possível uma vivência diversa e plural, mas sim uma uniformidade que não leva em conta as peculiaridades de cada indivíduo.

5.4. Imposição da doutrina sobre as pessoas e as leis: as ideias e crenças do grupo, e também as suas práticas, acabam por ter um valor absoluto para os seguidores, de tal forma que se colocam acima das pessoas e mesmo das leis e dos princípios morais básicos. Em suma, nas seitas os fins justificam os meios, sendo justificável a utilização de meios ilegais para alcançar algo que, do ponto de vista do grupo e dos seus líderes, é considerado bom ou aceitável.

5.5. Glorificação do grupo interno e rejeição do grupo externo: como vimos até agora, as estratégias de abuso psicológico procuram desde o início dar à pessoa uma visão dicotómica da realidade, com um dualismo radical e inabalável. Para a seita, a realidade é a preto e branco, sem possibilidade de cinzentos intermédios: tudo o que está no grupo é bom, tudo o que está fora é mau. Isto intensifica o isolamento e mesmo a rejeição de tudo o que está fora, que é visto como um erro e mesmo uma ameaça, e o seguidor acaba por se afastar dele, totalmente convencido do seu mal.

6. Imposição de uma autoridade única e extraordinária: as seitas inculcam a obediência cega e absoluta ao líder ou líderes do grupo, única fonte de autoridade, por se tratar de uma pessoa ou pessoas especiais, com qualidades únicas. Pode ser detalhada nestas duas estratégias:

6.1. Imposição de autoridade absoluta: impõe-se progressivamente ao seguidor a convicção de que todo o poder pertence ao chefe, aos chefes intermédios ou a outros representantes, pelo que as suas ordens devem ser obedecidas sem perguntas nem dúvidas. Se ele faz ou diz algo que não é compreendido ou parece mesmo inaceitável, se incorre em contradições, se ultrapassa as suas atribuições, nada deve ser posto em causa. Todas estas apreciações serão limitações, incompreensões ou mesmo atitudes egoístas nos seus seguidores que, estando num nível muito inferior ao do guru, não chegam a compreender os seus desígnios, ou nunca poderão mesmo atingi-los. Para isso muito contribui o caráter arbitrário da liderança da seita, que tem muito a ver com as estratégias de abuso emocional, visto anteriormente.

6.2. Implantação da crença nas qualidades especiais do líder: as pessoas que lideram as seitas são sempre vistas não só com uma atitude de submissão obediente, como acabámos de dizer, mas também com admiração pelas suas qualidades e virtudes, ou mesmo pelos seus poderes sobre-humanos. É comum atribuírem-se-lhes as maiores capacidades, as suas proezas em todos os domínios do saber e da ação, e um conhecimento que ultrapassa os limites da natureza, o que serve tanto para assombrar como para assustar os seguidores.

Os danos sofridos pelas vítimas

Naturalmente, as pessoas que experimentam a pertença a uma seita na sua vida sofrem vários efeitos negativos, que dependem do tempo passado no grupo, da intensidade da persuasão coercitiva, dependendo da seita, das características pessoais de cada um e de outras circunstâncias da vida e do grupo. Depois de analisar as estratégias de abuso psicológico nos grupos, é fácil adivinhar quais serão as consequências na vida do seguidor. Para além de um olhar superficial que veria como principal dano a perda de dinheiro e de tempo —e, nos casos mais extremos, até a morte da pessoa que pertence a uma seita— podemos dizer que as vítimas das seitas sofrem, em graus variáveis, um dano integral, que inclui danos psicológicos, emocionais, espirituais, familiares, sociais, e um longo etc. Este tende a aumentar quando o seguidor já nasceu na organização (os chamados seguidores de segunda geração), porque todo o mundo que conhece se reduz à seita e à sua visão particular do mundo.

Os académicos espanhóis da equipa *Invictus Investigación* dedicaram vários anos a analisar especificamente esta questão dos problemas sofridos pelas pessoas que abandonam as seitas, e os seus estudos mostram em pormenor alguns dos principais danos, do ponto de vista da saúde mental[14]. Em primeiro lugar, podemos falar de dificuldades psicológicas e sociais com grande impacto na vida pessoal, que podem por vezes prolongar-se por muito tempo após a saída do grupo. Estes autores, citando vários estudos clássicos, destacam entre estes efeitos negativos os sentimentos de solidão, raiva, vergonha e culpa, bem como insónias, pesadelos, perdas de memória, baixa autoestima, várias perturbações sexuais e conflitos relacionais. Devido ao défice de socialização sofrido na seita, um antigo adepto pode encontrar na sua nova vida uma falta de competências sociais, o que lhe provoca sentimentos de desconfiança, incompreensão e alienação extrema.

Outras consequências comuns da persuasão coercitiva sobre a pessoa são a dificuldade em tomar decisões, por ter de encarar o exercício da sua liberdade como algo novo, a baixa autoconfiança, após a experiência de se sentir enga-

---

[14] Cf. ANTELO, EMMA – SALDAÑA, OMAR – RODRÍGUEZ CARBALLEIRA, ÁLVARO, "The impact of group psychological abuse on distress: the mediating role of social functioning and resilience", *European Journal of Psychotraumatology* 12 (2021), disponível em: https://doi.org/10.1080/20008198. 2021.1954776; SALDAÑA, OMAR – RODRÍGUEZ CARBALLEIRA, ÁLVARO – ALMENDROS, CARMEN, "The Psychological Abuse Experienced in Groups Scale: psychometric properties of the Spanish version, *Behavioral Psychology* 26 (2018) 421-436.

nado, e emoções como a confusão, o desespero e o desamparo, bem como uma grande dificuldade em gerir as suas próprias emoções. É também fácil experimentar um elevado nível de stress, devido a tudo o que se junta após a saída. Para além de ter de reconstruir toda a sua vida e sarar as feridas de uma experiência traumática, tem de enfrentar ameaças reais ou potenciais, sejam represálias do grupo ou consequências espirituais da saída, fazer o luto das perdas que este passo implica, tanto pessoais como materiais, bem como a "perda" de um ideal e de um grupo ao seu serviço, que foram as suas forças motrizes vitais até então.

Por outro lado, as pessoas que saem de uma seita têm de fazer um grande esforço para se reintegrarem na sociedade e na família, das quais se tinham afastado ou mesmo com as quais tinham deixado de ter relações, o que acrescenta motivos de desconforto e de stress. Pense em como estes sentimentos se acentuam quando a família ou os amigos podem ter permanecido no grupo, e quando permanecem na seita pessoas que foram recrutadas ou doutrinadas por aqueles que agora estão fora. Para muitos, regressar à vida fora da seita significa começar do zero, aprender a relacionar-se com os outros e a estabelecer limites nessas relações, aprendendo a desempenhar novos papéis, fora da dinâmica líder-adepto e regras de convivência em sociedade, códigos de conduta sexual e formas de se posicionar em ambientes educativos e de trabalho...

Por fim, os especialistas da *Invictus Investigación* apresentam os sintomas psicopatológicos que alguns ex-seguidores de seitas podem apresentar, que incluem estados dissociativos, depressão, episódios de ansiedade; alterações no juízo moral e no sistema de valores da pessoa; perda de flexibilidade cognitiva; permanência em atitudes rigoristas;

embotamento afetivo; tendências destrutivas; algumas perturbações psicossomáticas; idealização paranoica; distanciamento da sociedade; posturas defensivas nas relações pessoais; medo de um novo episódio de manipulação, etc. Por vezes, foram observados paralelismos com os sintomas da perturbação de stress pós-traumático.

O que fazer quando o problema está em casa

É muito difícil para uma pessoa aperceber-se de que está numa seita, sobretudo nas primeiras fases de recrutamento e conversão, quando há uma espécie de "enamoramento" pelo grupo, que é apresentado ao novo seguidor como a melhor coisa do mundo. Para descobrir onde realmente se está, é preciso tempo e paciência no seu ambiente familiar e de amigos. Sair é um processo complicado, mas de facto há muitas pessoas que saem das seitas. As próprias seitas têm técnicas de retenção: doutrinais (se sair, será condenado), sociais (rompeu todas as suas relações anteriores ou estas deterioraram-se e, quando sair da seita, encontrar-se-á sozinho, ou assim pensa. Por vezes, o seguidor sofre uma crise ou tem um problema que o leva a aperceber-se da verdade do grupo e da sua própria pertença. Ou descobre as incoerências e os elementos negativos da seita. Deve haver alguma rutura no seu interior, pois as pressões externas da família e dos amigos costumam reafirmar a sua convicção, reforçada pela seita.

Por isso, é muito difícil ajudar um iniciado. Dependendo do tempo e da intensidade do processo de doutrinação que recebeu, vê tudo através dos olhos da seita. É bom não confrontar diretamente o seguidor ou o grupo, mas ajudá-lo a comparar a sua vida atual com a vida anterior, especialmente no que diz respeito às suas atividades e relações, e levá-lo a considerar seriamente se está a fazer tudo isto livremente, se estava consciente dos passos que deu em todos os momentos e se está realmente onde quer estar e porque quer estar lá. Ajudando-o também a ser crítico em relação à sua própria organização. Para tudo isto, é necessário ter pessoas que amem o seguidor, e que este se sinta amado e valorizado por elas. Se é possível, este processo deve contar com a ajuda de profissionais. Em Espanha e noutros países, organizações como a *Rede Ibero-Americana de Estudo das Seitas* (RIES) e a *Red de Prevención del Sectarismo y del Abuso de Debilidad* (RedUNE) costumam pôr os afetados em contacto com pessoas que podem ajudar em cada caso específico.

Outra questão que se coloca é a de saber se é possível fazer alguma coisa do ponto de vista jurídico. Em primeiro lugar, devemos ter em conta que o termo "seita" não existe na lei, e seria muito complicado implementá-lo no nosso paradigma constitucional, devido às garantias necessárias que queremos dar ao direito à liberdade religiosa e à liberdade de consciência, bem como a outras liberdades como a liberdade de associação, de expressão, etc. No entanto, sob a égide destes direitos, existem pessoas e grupos que põem termo às liberdades das pessoas que deles fazem parte. Por conseguinte, a única ferramenta de que dispomos atualmente é a perseguição de crimes específicos. Em Espanha, algumas pessoas e associações de afetados pedem que se criminalize o crime de "persuasão coercitiva", como já se fez em França com o crime de "abuso de fraqueza" (*abus frauduleux de l'état de faiblesse*, de acordo com o artigo 223-15-2 do Código Penal), mas isso é muito delicado devido ao que acabo de expor.

SEITAS DE ONTEM E DE HOJE

Tudo o que disse até agora é útil para se ter uma ideia de como funcionam as seitas, de uma forma que pode ser usada para a formação e a prevenção. A revisão das estratégias de abuso psicológico grupal realizada no capítulo anterior, na sequência dos estudos da *Invictus Investigación*, é um instrumento muito útil para medir a "saúde" dos vários grupos humanos em que cada pessoa vive e convive, a fim de discernir se estão ou não incluídos naquilo a que chamamos fenómeno sectário.

No entanto, um livro como este, que pretende ser informativo e atualizado, não estaria completo sem um olhar mais concreto sobre a realidade atual das seitas. Sem esta especificação necessária, correríamos o risco de remeter os leitores para a bibliografia clássica, que fala das seitas "tradicionais" que, na realidade, são as que existiam na altura das pesquisas e das publicações, sem ter em conta os grupos que surgiram depois e as mutações que as seitas mais antigas sofreram.

Outro risco é falar de generalidades, sem pelo menos apontar as linhas mestras segundo as quais vemos o fenómeno sectário manifestar-se nesta altura do século XXI. Em Espanha, não podemos deixar de recordar o monólogo de um comediante popular, Miguel Gila, falecido em 2001, que contava na sua autobiografia –inventada, claro– . A certa altura, afirma ter trabalhado na Scotland Yard e ter ajudado a prender Jack, o Estripador. Quando encontrava o assassino, dizia: "Alguém matou alguém... E eu não gosto de apontar...", durante duas semanas, até Jack confessar. Para além de ser engraçado, pode exprimir o que acontece quando não se vai ao fundo da questão: de que grupos específicos estamos a falar? Onde estão as seitas hoje em dia? Sem pretender esgotar o assunto, apresento neste capítulo as faces mais significativas que as seitas estão a adquirir hoje, não tanto a partir de estudos e pesquisas sobre o tema, mas sobretudo a partir da experiência de ajuda às vítimas.

O sectarismo clássico

Em primeiro lugar, estão as seitas de sempre, as que poderíamos chamar "seitas clássicas". As que aparecem nos livros –veja, por exemplo, a bibliografia no final deste livro– e nos media nas últimas décadas. São as que aparecem com mais frequência em qualquer inquérito ao público. De conteúdo e aparência religiosos, têm sido os grupos mais presentes no imaginário coletivo. Em primeiro lugar, estamos a falar de seitas cristãs. As mais importantes a nível mundial nasceram nos EUA, no século XIX, e alcançaram um certo estatuto e consideração social positiva, como é o caso dos três grupos acima referidos, com presença significativa em Portugal: a Igreja de Jesus Cristo dos Santos dos Últimos Dias, cujos membros são mais conhecidos por mórmons, os Adventistas do Sétimo Dia e as Testemunhas de Jeová.

Neste grupo incluem-se outros movimentos messiânicos ou proféticos cuja importância foi grande no passado, embora o mesmo não se possa dizer hoje. Podemos citar, por exemplo, a Igreja da Unificação, fundada pelo Reverendo Moon, hoje denominada Federação da Família para a Paz Mundial e Unificação, ou a Família Internacional, tristemente conhecida até os anos 90 como Meninos de Deus. A par destas, o pentecostalismo –a corrente do cristianismo que mais tem crescido no último século a nível mundial– deu origem nas últimas décadas a algumas seitas que alcançaram um certo sucesso, como algumas do Brasil, como a Igreja Universal do Reino de Deus e alguns dos seus cismas: a Igreja Internacional da Graça de Deus e a Igreja Mundial do Poder de Deus.

Em segundo lugar, podemos falar de grupos orientais, principalmente do hinduísmo e do budismo, que fascinaram um Ocidente cada vez mais sem sentido ao longo do século XX. Entre os movimentos de raiz hindu estão a Associação Internacional para a Consciência de Krishna, mais conhecida como Hare Krishna; a Meditação Transcendental, fundada pelo guru Maharishi); a Self-Realisation Fellowship, de Paramahansa Yogananda; o Movimento de Integração no Absoluto Espiritual, de Gregorian Bivolaru; o Sahaja Yoga e a Fundação da Arte de Viver, de Ravi Shankar, assim como os seguidores mais ou menos dispersos de gurus como Amma, Sai Baba, Sri Aurobindo e Sri Chinmoy. Há também grupos de origem budista, como a Soka Gakkai, e outros das várias grandes tradições budistas. Não podemos esquecer os muitos leitores e seguidores de Osho (Bhagwan Rajneesh) de origem jainista. E há ainda a grande variedade de grupos sectários que se formam em torno de práticas tão difundidas como o yoga e a atenção plena.

Em terceiro lugar, existem outras realidades sectárias já estabelecidas em torno do potencial humano como a Igreja da Cientologia e o Método Silva de Controlo da Mente e principalmente relacionadas com o esoterismo. Trata-se de um campo muito vasto e diversificado, muitas vezes com raízes no pensamento teosófico. A Sociedade Teosófica é um grande movimento nascido no século XIX, com grupos importantes como a Nova Acrópole, a Metafísica e as muitas seitas gnósticas que se dizem herdeiras do "venerável mestre" colombiano Samael Aun Weor e que oferecem cursos e conferências sob a forma de associações culturais. Não devemos esquecer outras correntes como os rosa-cruzes e os martinistas, os grupos neo-templários, os movimentos que praticam a magia cerimonial e as seitas configuradas em torno do espiritismo, das novas revelações, da parapsicologia e da ufologia.

Todas estas seitas continuam a existir, embora muitas delas tenham sido afetadas pelo fenómeno da secularização. Numa sociedade em que, em grandes setores, a religião e, sobretudo, a religião institucionalizada, está a perder o seu significado, a atratividade dos grupos que, em última análise, representam uma alternativa religiosa no sentido religioso e com exigências e compromissos consideráveis para com a organização, está a diminuir. No entanto, apesar da crise que a secularização da nossa sociedade provocou nestas seitas, elas continuam a existir e a recrutar, mudando as suas estratégias e adaptando-se aos novos desafios, especialmente em termos de métodos de recrutamento, que agora dependem fortemente dos novos ambientes digitais.

Nova Era (*New Age*)

Um segundo fenómeno, mais difícil de delimitar, é o da Nova Era (*New Age*), também designado por "espiritualidade holística", e todo o esoterismo difuso que traz consigo. Embora se trate, de facto, de uma evolução peculiar e em grande escala do esoterismo clássico (e, de facto, as principais ideias gnósticas e teosóficas podem ser encontradas em linhas gerais), merece um tratamento separado. Podemos ter a certeza de que é a parte do fenómeno sectário que mais cresce, precisamente porque uma das suas virtudes é a capacidade de se mimetizar, refugiando-se no caráter difuso das suas doutrinas e na aparência de uma total ausência de institucionalização. O problema é que, embora a sua linguagem seja de abertura, união, compaixão e liberdade, encontramos na realidade muitos casos de fanatismo, isolamento, crueldade e escravatura emocional e espiritual. Como digo, é difícil de delimitar, porque inclui muitas propostas que abrangem temas e áreas muito díspares. Destaco aqui algumas das mais populares e preocupantes, sabendo que não se trata de compartimentos estanques, mas de categorias que se interpenetram e se retroalimentam.

– Muitas ofertas de autoconhecimento, crescimento pessoal e autoajuda, e algumas variantes de *coaching* (por exemplo, o chamado *coaching* coercitivo) e ofertas para o desenvolvimento do potencial mental. Por detrás da fachada de sistemas de ajuda para circunstâncias ou problemas particulares dos indivíduos, existem grupos que se aproveitam desta vulnerabilidade para mudar a forma de pensar da pessoa e afastá-la dos seus entes queridos, sob o pretexto de banir da sua vida as pessoas tóxicas, as crenças limitadoras e tudo o que supostamente constitui um peso para o seu desenvolvimento e evolução pessoal.

– Da mesma forma, as aplicações práticas de ideias mágicas funcionam em torno da lei da atração, que, embora historicamente enraizada no movimento do Novo Pensamento do século XIX, tem sido amplamente divulgada por livros como *O Segredo* de Rhonda Byrne. Em suma, afirma que se tiver pensamentos positivos, atrairá coisas positivas para a sua vida. Existem várias versões, incluindo workshops de abundância, uma aplicação financeira do pensamento mágico, oferecendo-se para o tornar rico, ho'oponopono, workshops de perdão, etc.

– As terapias espirituais, entre as quais as práticas de cura energética como o reiki e as explicações sobre a origem emocional das doenças, bem como as chamadas "medicinas tradicionais", como a medicina chinesa e a sua acupuntura, e a medicina indiana ou ayurveda, destacam-se pela sua utilização generalizada. Explicam habitualmente que as doenças não são mais do que manifestações somáticas de um conflito emocional ou de um desequilíbrio espiritual, que só precisariam de ser descobertos para se conseguir a cura ou mesmo a autocura. É fácil imaginar os graves problemas que isto pode trazer às pessoas doentes que se colocam nas mãos de curandeiros e gurus deste género, abandonando ou atrasando os tratamentos médicos necessários.

– Novas abordagens em psicologia que propõem uma visão holística do ser humano e um enfoque na dimensão espiritual, afastando-se de toda a evidência racional e caindo em posições pseudo-científicas e esotéricas. Aqui podemos encontrar a chamada psicologia transpessoal; a terapia Gestalt; a procura de estados alterados de consciência; a regressão a vidas passadas, tomando a reencarnação como um dado adquirido e o eneagrama ou as constelações familiares.

– A multiplicação de formas de yoga, de *mindfulness* e de outros tipos de meditação com uma origem religiosa oriental supostamente secularizada, para fins puramente psicológicos ou terapêuticos, que muitas vezes ultrapassam o mero exercício físico ou mental e constituem uma verdadeira doutrinação numa visão oriental do mundo, determinando todos os aspetos da vida de uma pessoa.

– A bênção do ventre, os círculos de mulheres, as tendas vermelhas e outras propostas relacionadas com a feminilidade e a maternidade, entre as quais se destaca o fenómeno das doulas, assistentes de parto tradicionais que se tornam verdadeiras conselheiras espirituais. Sob uma linguagem de irmandade e de *empowerment*, verifica-se frequentemente um fenómeno de manipulação que acaba por conduzir a uma rutura das mulheres capturadas com todo o seu ambiente e com toda a realidade.

– A canalização (*channeling*), ou seja, o contacto com seres ou realidades do outro mundo para aceder a um nível de conhecimento superior ou sobrenatural, uma vez que a pessoa com o dom, "canal" equivalente a um médium, torna-se o veículo de comunicação com anjos, mestres ascensos, extraterrestres, etc. Alguns dos exemplos mais difundidos são os cursos e práticas de registos akáshicos e, sobretudo, a utilização do livro *Um Curso em Milagres*, que é um programa sistemático de reforma do pensamento, muito apreciado por várias seitas do universo *New Age*.

– A utilização espiritual ou terapêutica, no âmbito de rituais ou de oficinas de iniciação, de substâncias alucinogénias naturais de origem indígena e de uso xamânico, como a ayahuasca, o bufo alvarius, o kambó ou o peiote. Com um discurso neo-xamânico ou mesmo psicológico, organizam-se cada vez mais retiros ou encontros que incluem a ingestão destas substâncias vegetais ou animais, considerando-as como "remédio" ou "sacramento", consoante a versão, com propriedades supostamente benéficas e até mágicas. No entanto, para além das consequências nefastas para a saúde dos seus consumidores, é importante salientar o estado de vulnerabilidade e indefesa em que são deixados perante os xamãs e gurus, e o forte impacto emocional das cerimónias e das experiências de alucinação.

– Outra área de verdadeira preocupação é a incursão no mundo da educação (e, portanto, com um efeito direto sobre os menores) de alguns ramos do esoterismo. Podemos incluir aqui a pedagogia Waldorf (escolas e jardins de infância Waldorf ou Steiner), um pretenso sistema educativo alternativo baseado nos postulados ocultistas da antroposofia, ou a doutrina das Crianças Índigo e Crianças Cristal, que classifica as crianças afetadas por PHDA e outros problemas como seres especiais, dotados de qualidades humanas superiores e paranormais.

– Por fim, podemos colocar aqui alguns grupos que defendem as mais variadas e ensandecidas teorias da conspiração, fazendo por vezes um sincretismo irracional de ideias esotéricas, profecias cristãs, embustes difundidos por correntes ideológicas extremistas e muitos outros elementos. São capazes de isolar emocionalmente uma pessoa, mesmo sem pertencer a um grupo físico, e de a doutrinar inicialmente de tal forma que o próprio seguidor é o protagonista do seu próprio processo de despersonalização, isolamento e manipulação.

E um longo etc. que acaba por dar origem a um perigoso fenómeno de sectarismo difuso, envolvendo muitas pessoas que, como acabámos de dizer, não pertencem estritamente a grupos ou seitas. Por outras palavras, estamos a assistir a uma concretização cada vez maior daquilo a que a socióloga britânica Grace Davie chamou "acreditar sem pertencer" (*believing without belonging*)[15], tão típico desta mentalidade *New Age*. Mas não se trata de algo teórico, mas de uma realidade com que nos deparamos cada vez mais: tantas situações de despersonalização, isolamento e rutura com a família, experiência dissociada da própria existência, dependência de um guru, sem pertencer a um grupo específico, sem frequentar ritos ou reuniões, simplesmente através da prática pessoal, da consulta ocasional e da doutrinação (por vezes autodidata, por vezes por outros) facilitada pelas redes sociais, incluindo o WhatsApp.

Pequenos grupos

Um terceiro fenómeno notável e bastante desconhecido está muitas vezes ligado ao que acabo de descrever, embora não tenha necessariamente de estar. Trata-se de pequenos grupos que dependem de um líder que, seja pelo seu perfil psicopático ou por algum tipo de patologia mental, como referimos anteriormente na secção sobre a personalidade dos gurus, consegue angariar um número reduzido de seguidores fanáticos que isola do resto do mundo, com a possibilidade de uma vida comunitária e de um afastamento

---

[15] Cf. DAVIE, GRACE, "Believing without belonging: A Framework for religious transmission", *Recherches sociologiques* 28 (1997) 17-37.

das realidades anteriores. Em Espanha, nos últimos dois anos, assistimos a operações policiais em que seitas deste tipo, desconhecidas até ao momento da intervenção judicial ou policial, foram desmanteladas, por vezes até sem nome.

São seitas cuja dimensão e mobilidade as tornam muito difíceis de seguir e estudar. Quando me perguntam quais são as seitas mais perigosas, costumo dizer que são estes grupos, os que não conhecemos, cujo potencial de destruição da liberdade dos seus seguidores é imenso, e cujos efeitos e desfechos são muito difíceis de prever, pois respondem a várias coordenadas: a personalidade do líder e a sua evolução, a dinâmica do grupo, as circunstâncias externas, a doutrina, etc. Normalmente, assim que se verifica qualquer movimento externo que afete negativamente o grupo como, por exemplo, investigações policiais, cobertura mediática, queixas ou denúncias de familiares afetados ou de antigos seguidores, o líder ordena ao grupo que se retire discretamente e se mantenha em silêncio, que mude de atividades ou mesmo que se desloque para um local distante para afastar as atenções e os olhares curiosos e indiscretos sobre o grupo.

Isto pode ser ilustrado por muitos e muitos sucessos. O caso da pequena seita que capturou a adolescente Patricia Aguilar, de Elche, na província espanhola de Alicante, é muito significativo[16]. A sua família conseguiu provar que ela foi contactada através do Facebook quando tinha menos de 16 anos, tendo sido recrutada, seduzida e doutrinada de

---

[16] Cf. LOZANO, VANESA, *Hágase tu voluntad*, Alrevés, Barcelona 2020; SANTAMARÍA DEL RÍO, LUIS, "Las agresiones y abusos sexuales en el interior de las sectas", em DE SANTIAGO HERRERO, FRANCISCO JAVIER – ROVELO ESCOTO, NUBIA CAROLINA – GARCÍA MATEOS, Mª MONTFRAGÜE (coords.), *Violencia sexual. Análisis, tipologías y diferentes perfiles*, Thomson Reuters Aranzadi, Cizur Menor 2021, 221-250.

forma laboriosa por um guru sediado no Peru. Em 2017, depois de atingir a maioria de idade, ele conseguiu que Patricia deixasse a sua família para se juntar àquele que lhe tinha oferecido um projeto de vida incorporando-se à sua pequena seita-harém, em Lima, para gerar aqueles que seriam os reis do mundo após o apocalipse iminente. Felizmente, a sua família lutou contra todas as probabilidades para superar todos os obstáculos legais, policiais e judiciais e conseguiu finalmente resgatá-la no verão de 2018 numa selva peruana e trazê-la de volta a casa juntamente com o bebé que ali tinha dado à luz. Quem sabia antes do seu desaparecimento, que o autodenominado Príncipe Gurdjieff, um jovem peruano, tinha feito a sua própria versão ainda mais delirante das doutrinas gnósticas do colombiano Samael Aun Weor?

Cultos afro-americanos

A quarta face das seitas que encontramos hoje, muito silenciosa e silenciada, é a do mundo dos videntes em geral e dos cultos afro-americanos em particular. A profusão de cartomantes, bruxos e xamãs de ambos os sexos nos meios de comunicação social e nas lojas e estabelecimentos comerciais esotéricos é geralmente tomada como uma piada, devido à crueza e vulgaridade do assunto. Para nós, não passa de uma fraude económica que afetaria pessoas com pouca cultura e muitas inseguranças. Estamos radicalmente enganados. Não se trata apenas de uma fraude com consequências económicas, mas de uma fraude global que combina aspetos económicos, sociais, familiares, psicológicos e espirituais. E não afeta principalmente os menos instruídos, pois os inquéritos mostram que quanto mais elevado é o nível cultural e académico, mais as pessoas acreditam nas fraudes. E a justiça, pelo menos em Espanha, parece partilhar os preconceitos sociais, ao deixar em liberdade muitos destes burlões, dizendo que se a vítima o pediu então que não teria sido tão estúpida.

Nesse mundo de videntes em geral, situo os cultos afro-americanos em particular. Este é o nome dado aos ritos e grupos nascidos do sincretismo ou da mistura desenvolvida na América Latina pelos escravos trazidos de África, que foi a forma que encontraram para preservar as suas crenças e cultos tradicionais, revestindo-os de uma roupagem católica e, finalmente, acrescentando-lhes outras crenças animistas, mágicas e até espíritas em alguns casos: a santeria (Regla de Ocha e Palo Mayombé, principalmente); o vudu; a umbanda; a quimbanda e um longo etc., consoante os sotaques e as origens, compõem uma realidade que é hoje comum em Espanha e Portugal. Uma realidade que vai além das constatações anedóticas de restos de ritos em cemitérios, florestas ou encruzilhadas, e além da presença de terreiros ou templos de Umbanda de origem brasileira. De facto, o aumento extraordinário da imigração brasileira para Portugal nos últimos anos, bem como a chegada de cidadãos de outros países latino-americanos, potenciou este tipo de práticas e levou ao nascimento, ou importação, de novos grupos deste tipo.

Na verdade, o problema vai mais além do que podemos encontrar nos meios de comunicação, porque por detrás disso há uma realidade de escravidão vivida por muitas pessoas que não só veem como o vidente, feiticeiro, xamã, santero, pai ou mãe, babalaô ou bokor lhes tira dinheiro, mas que vivem numa total dependência unipessoal daquele que se coloca como única referência e guia para todas as decisões vitais, submetendo a ele toda a existência e a dos seus, incluindo os mais vulneráveis das famílias: as crianças, os idosos e os doentes. Personagens que manipulam e subjugam pelo medo as forças ocultas e sobrenaturais que só eles podem dominar, satisfazer ou aplacar. Uma das razões para isso é a falta de denúncia e de visibilidade deste fenómeno crescente. Estamos a falar de vítimas concretas, com nomes e apelidos. E de um sistema policial e judicial que garante que nada pode fazer porque as vítimas são geralmente adultos que afirmam fazê-lo livremente.

Sectarismo no seio das Igrejas

E, por último, gostaria de referir algo que ultrapassa o tema das seitas, mas que tem indubitáveis ligações e semelhanças. Algo que também causa sofrimento a muitos indivíduos e famílias, e com o qual nós, que trabalhamos nestas questões, nos deparamos frequentemente. Refiro-me às aberrações sectárias ou aos comportamentos sectários nas religiões tradicionais. E, em particular, como católico, e devido ao contexto social e cultural espanhol e português, preocupam-me os casos que ocorrem na Igreja Católica. A realidade mostra-nos casos de atitudes sectárias dentro da Igreja, com práticas que são comuns no mundo das seitas, mas que também podem ocorrer em dioceses, paróquias, seminários, comunidades consagradas, associações de fiéis, movimentos... Mais uma vez, falo a partir da realidade das vítimas e das famílias afetadas, e não a partir de livros e teorias. Já em 1986, o interessante documento publicado pelo Vaticano sobre o desafio pastoral das seitas assinalava que "algumas mentalidades ou atitudes de seita, por exemplo a intolerância ou o proselitismo ativo, podem encontrar-se também em grupos cristãos ou no seio de algumas Igrejas ou comunidades eclesiais"[17].

---

[17] *O fenômeno das seitas e novos movimentos religiosos: desafio pastoral*, Città del Vaticano 1986. Cinco anos depois, a edição portuguesa da revista católica interna-

Como tenho dito repetidamente –e pode encontrar os meus artigos na Internet[18]–, não podemos falar da existência de seitas no seio da Igreja Católica, porque uma das características das seitas é que são grupos autónomos, realidades independentes. Pode haver e há comportamentos sectários, que podem prejudicar as pessoas que fazem parte desses grupos. E também é verdade que a própria Igreja tem instrumentos normativos para corrigir e prevenir esses desvios, no seu ordenamento jurídico interno, que é o Código de Direito Canónico. Vale a pena recordar, numa altura em que os lamentáveis e horrendos casos de pederastia no seio da comunidade católica estão no centro da discussão, que o Papa Francisco, quando tem falado e escrito sobre esta questão, não limitou a sua reflexão à dimensão do abuso sexual, nem sequer se referiu apenas a menores. O problema tem dimensões mais vastas, razão pela qual sublinhou, em mais do que uma ocasião, que há também abusos "de poder e de consciência"[19]. São estes que por vezes motivam e sustentam os outros, os sexuais.

---

cional *Communio* publicou um número monográfico muito interessante, incluindo este documento e vários artigos de fundo sobre o fenómeno sectário, sob o título "O desafio das seitas": *Communio* 8 (1991).

[18] Cf. SANTAMARÍA DEL RÍO, LUIS, "¿Puede haber sectas dentro de la Iglesia?", *Aleteia*, 4/02/16, disponível em: https://es.aleteia.org/2016/02/04/puede-haber-sectas-dentro-de-la-iglesia/; ID., "¿Qué puede hacer la Iglesia ante los comportamientos sectarios en su interior?", *Aleteia*, 8/02/16, disponível em: https://es.aleteia.org/2016/02/08/que-puede-hacer-la-iglesia-ante-los-comportamientos-sectarios-en-su-interior/; ID., "¿Qué es el abuso espiritual? ¿Se da en la Iglesia católica?", *Aleteia*, 22/08/18, disponível em: https://es.aleteia.org/2018/08/22/que-es-el-abuso-espiritual-se-da-en-la-iglesia-catolica/

[19] *Carta do Papa Francisco ao povo de Deus*, 20/08/18, disponível em: https://www.vatican.va/content/francesco/pt/letters/2018/documents/papa-francesco_20180820_lettera-popolo-didio.html

DEZ MITOS A DESFAZER

Fala-se muito de seitas nos meios de comunicação social, sobretudo em relação a acontecimentos que os colocam na primeira página das notícias durante algum tempo, para depois serem esquecidos, como dissemos no início deste livro. Por vezes, o tratamento do tema é sensacionalista ou, pelo menos, superficial. Por outro lado, os estudos académicos tendem a recusar-se a falar de seitas, argumentando que se trata de um conceito pejorativo que estigmatiza grupos e indivíduos que vivem e pensam de forma diferente.

Trata-se, sem dúvida, de uma questão complexa e sensível. Envolve muitos fatores –sociologia e psicologia, religião e crença, direito e legalidade– e há muitas vezes mal-entendidos, preconceitos e ideias erradas que precisam de ser dissipados. Para concluir este pequeno trabalho informativo, selecionámos aqui dez desses mitos, a título de resumo, para ajudar a dar uma visão mais correta da realidade, para que possam servir de informação e prevenir os leitores, e para que as próprias seitas não possam aproveitar-se da ignorância social. Mesmo que sejam ideias repetitivas em relação ao resto do livro, podem ser usadas como síntese em apresentações sobre o tema.

Primeiro mito: as seitas são coisa do passado

Muitos acreditam que o tempo das seitas já passou. Seria algo que remonta aos anos 70 e 80, quando se difundiram e tiveram sucesso em muitos países, e teriam atingido o seu auge nos anos 90, quando o mundo se horrorizou com uma série de massacres e suicídios em massa cometidos por seitas –acabámos de celebrar o 30º aniversário do massacre dos Davidianos de Waco, no Texas–. Por outro lado, muitos académicos preferem falar de "novas religiões" ou de "novos movimentos religiosos".

No entanto, a realidade diz-nos da existência do fenómeno sectário. Nalguns países, estima-se que cerca de 1% da população pertença a seitas. Em Portugal, esta percentagem pode ultrapassar os 2%. As várias crises que o nosso mundo tem atravessado nos últimos anos têm levado, juntamente com outros fatores sociais, culturais e pessoais, ao nascimento de novos grupos e à sua disseminação generalizada, atingindo largas camadas da sociedade. As seitas continuam a existir, e o mal que causam aos seus seguidores e às suas famílias, a quantidade de sofrimento que geram, deveriam envergonhar aqueles que negam esta realidade.

Segundo mito: as seitas são grupos religiosos

Em alguns lugares, ainda se fala de "seitas religiosas". E é verdade que há seitas que podemos atribuir esta denominação, e muitas provêm das grandes tradições espirituais da humanidade (hinduísmo e budismo, cristianismo...) e têm uma estrutura, doutrinas e práticas rituais que nos levam a classificá-las dentro do mundo religioso. De facto, a própria palavra "seita" tem a sua origem nos grupos religiosos que se separam de um grupo maior.

No entanto, pensar que todas as seitas são religiosas significa que muitas passam despercebidas aos olhos das pessoas, uma vez que as seitas mais emergentes e em crescimento atualmente não têm um conteúdo ou aparência religiosa, mas são, no máximo, "espirituais" num sentido amplo e difuso. De facto, as mais populares hoje em dia situam-se nos domínios da autoajuda e do crescimento pessoal, do bem-estar e da terapia, e até do enriquecimento empresarial e financeiro. Por isso, tenha cuidado ao confiar ingenuamente naquilo que não se parece com uma seita porque estes grupos são muito hábeis no mimetismo.

Terceiro mito: as seitas só atraem pessoas fracas ou com problemas

Infelizmente, continua a ser muito comum pensar-se que as pessoas que caem nas seitas são fracas e têm poucos recursos emocionais, têm pouca educação, fazem parte de uma família com problemas e até têm problemas psicológicos ou algum tipo de defeitos. Isto não só aumenta a estigmatização das vítimas das seitas como promove a sua revitimização depois de terem saído do grupo que as sujeitou.

Porque as seitas atraem todo o tipo de pessoas. E sim, também são capazes de atrair pessoas com educação (veja o mito seguinte), com maturidade psicológica e emocional, com experiência de vida, com uma família feliz. Em primeiro lugar, porque sabem aproveitar os momentos vulneráveis da vida de uma pessoa, que todos nós os temos nalgum momento, e aplicar-lhes as suas estratégias de persuasão coercitiva ou de abuso psicológico. E, em segundo lugar, porque muitas vezes procuram pessoas com capacidade intelectual, capacidade de liderança, generosidade e dedicação, desejo de mudar o mundo. Esses serão os seguidores ideais, aqueles que colocarão todas as suas virtudes e talentos ao serviço das ilusões do guru.

Quarto mito: se sou instruído, sou imune às seitas

Muitos estranham que num mundo como o nosso, que atingiu níveis elevadíssimos de progresso científico e tecnológico, em que a literacia e a cultura estão cada vez mais difundidas e com acesso a tanta informação através da Internet, e agora, ainda mais, com a inteligência artificial, as seitas continuem a enganar milhões de indivíduos. Pensam que não é possível que alguém caia nas armadilhas do pensamento mágico, do fanatismo de grupo e da irracionalidade.

No entanto, a formação intelectual não é tudo na vida, nem é a única vacina contra a ignorância, pois pode ser-se muito culto e, mesmo assim, deixar-se levar por uma seita. Porque as seitas não chegam às pessoas através da razão, mas sobretudo através do emocional e também do espiritual. As seitas atingem diretamente o coração do ser humano, esse coração que, saciado de conhecimentos, tem necessidade de se sentir reconhecido e amado, e anseia por encontrar o sentido da vida, a esperança no futuro, a segurança num mundo incerto. A necessidade de calor humano e de transcendência torna-nos vulneráveis às seitas.

Quinto mito: as pessoas entram (e saem) das seitas livremente

Quantas pessoas pensam assim! E quantas famílias saem de cabeça baixa das esquadras ou dos tribunais quando vão pedir ajuda para libertar os seus familiares recrutados e manipulados por alguma seita e tudo o que lhes têm para dizer os agentes da autoridade é que "o seu parente é maior de idade e afirma estar neste grupo porque quer... não podemos fazer nada". E quantos comentadores, apresentadores de *talk shows* e líderes de opinião afirmam – nestes tempos de relativismo e pensamento líquido– que as pessoas que permanecem nas seitas fazem-no exercendo a sua liberdade, e podem sair quando quiserem.

No entanto, isso é fazer o jogo das seitas e ceder às pressões ideológicas e às campanhas de limpeza de imagem dos lobbies de que já dispõem. É verdade que, aparentemente, as pessoas entraram livremente nestes grupos. Mas fizeram-no enganadas, fascinadas por uma fachada atrativa e, ao mesmo tempo, inconscientes da realidade que se esconde nos bastidores. E, uma vez lá dentro, as estratégias de manipulação e de retenção das próprias seitas dificultam a tomada de decisões livres e a reflexão sobre a sua saída.

Sexto mito: as seitas são facilmente identificáveis

Como vimos acima, nem todas as seitas são religiosas, nem praticam rituais, nem têm uma mensagem espiritual. Hoje em dia, muitos grupos sectários apresentam-se como associações culturais, academias de formação, organizações de lazer, grupos de teatro, coletivos profissionais, equipas de investigação universitária, grupos de amizade ou de namoro, ou mesmo estabelecimentos que vendem produtos de qualquer tipo. Outros, obviamente, apresentam-se como religiões.

Nenhuma seita se apresenta dizendo aos seus potenciais neófitos: "olá, somos uma seita". Por isso, o importante não é prestar atenção às aparências, embora estas possam ajudar, uma vez que se tenha habituado ao discurso destes grupos, mas sim às suas técnicas de recrutamento, conversão e doutrinação. Ouvir testemunhos de antigos seguidores, ler um livro que explique estas questões ou ver uma série das que foram produzidas pode servir como meio de treino para detetar quando uma seita se aproxima de nós, ou nós nos aproximamos sem o saber.

Sétimo mito: as seitas procuram dinheiro e sexo

Esta é uma armadilha muito comum: "aconteceu-me conhecer um grupo de pessoas maravilhosas que dizem coisas muito interessantes e me dão todo o amor do mundo. Algo me faz suspeitar que pode ser uma seita, mas... não me pediram dinheiro!" Portanto, não é uma seita. O mesmo se pode dizer do sexo. Alguns meios de comunicação social abordaram o fenómeno sectário dando ênfase, em nome do sensacionalismo, às questões económicas e sexuais. É algo que vende sempre.

No entanto, o levantamento do dinheiro não vem em primeiro lugar. Por vezes, demora mais tempo, até que não se aperceba do esforço financeiro. Ou a entrega é em géneros, em tempo e trabalho. Mas, na maior parte das vezes, o dinheiro e o sexo não são os verdadeiros fins das seitas, mas sim, em muitos casos, sobretudo o dinheiro, os meios necessários para atingir os verdadeiros fins das seitas. E quais são esses fins? O poder, o controlo, a manipulação de um líder sobre os seus seguidores. Talvez para cumprir os seus desígnios megalómanos, os seus delírios místicos, o seu objetivo de salvar a humanidade ou o que quer que seja. Isto leva-nos diretamente ao próximo mito.

Oitavo mito: os líderes sectários são simplesmente falsos e criminosos

Voltando ao ponto anterior, muitos pensam que os gurus são aproveitadores e também é comum pensar que são só homens, quando há líderes mulheres, que só pensam em deixar os seus seguidores sem dinheiro, aproveitar-se deles sexualmente, defraudar o fisco e expandir o seu império financeiro, imobiliário e, por vezes, até político. Criminosos de colarinho branco, atores que interpretam na perfeição o papel de mestres espirituais ou de grandes místicos...

No entanto, ao lado de líderes que são verdadeiros farsantes, encontramos muitos outros que estão realmente convencidos do que dizem e fazem. É por isso que são tão convincentes. Os seguidores, quando os olham nos olhos, veem alguém que não está a enganar, desde a sua ótica, e deixam-se levar pela atração. Porque essa é a explicação em muitos casos, pois estamos perante sujeitos com traços de personalidade paranoica ou narcisista, ou seja, gurus portadores de patologias mentais. E podem mesmo ser aquilo que conhecemos como psicopatas, com uma grande capacidade destrutiva à sua volta.

Nono mito: as religiões criticam as seitas porque estas são suas concorrentes.

Quando um líder religioso se refere ao fenómeno sectário num tom crítico, os "defensores das liberdades" apressam-se a rotulá-lo de intolerante, inquisidor, caçador de bruxas ou coisa parecida. Isto é especialmente verdade para a hierarquia da Igreja Católica: se o Papa ou um bispo falar de seitas, está apenas a fazer um trabalho apologético de defesa da sua própria fé contra os que pensam de maneira diferente. E, no fundo, estaria a difamar os grupos que lhe fazem concorrência, o que pode retirar-lhe fiéis.

Mas, uma vez mais, trata-se de uma falsa visão da realidade. E basta olhar para o exemplo católico: desde os anos 80, os pronunciamentos da hierarquia da Igreja e os documentos do seu Magistério referem-se às seitas não como uma ameaça ou um problema, mas como um desafio. De facto, a existência e o sucesso das seitas é um desafio para a Igreja, que não está a conseguir cumprir a sua ação evangelizadora e pastoral, e que a incita a renovar-se e a melhorar. Além disso, os pastores da Igreja devem estar atentos a uma realidade como a das seitas para terem uma palavra esclarecedora, para alertarem a sociedade e para ouvirem e ajudarem as suas vítimas.

Décimo mito: as seitas são apenas mais um modelo de manipulação

Esta é uma estratégia de defesa que é difundida pelas próprias seitas: acusam-nos de manipulação, quando vivemos numa sociedade em que somos manipulados por muitas entidades diferentes. A começar pelos poderes políticos, que procuram eleitores crédulos e submissos, passando pelas empresas e pelo marketing, que precisam de consumidores insatisfeitos que querem sempre comprar mais, e terminando nos media, capazes de orientar opiniões e impor ideias. No fim de contas, haveria manipulação de todos os lados e, nessa situação, tudo seria sectário. No final, as seitas seriam apenas mais um grupo legítimo numa tal sociedade.

No entanto, não é pelo facto de existirem elementos ambientais imorais que se legitima um indivíduo ou um grupo que age desta forma. Como já vimos ao desmontar o primeiro mito, as seitas existem. E, como vimos ponto por ponto, as seitas manipulam e subjugam pessoas, prejudicam famílias e afetam o bem comum. Conhecê-las, identificá-las e julgá-las pode ajudar-nos não só a erradicá-las, mas também a construir um mundo melhor, com cada vez menos elementos de falsidade e escravatura. Um mundo em que cada indivíduo possa conhecer a verdade e viver em liberdade. Exatamente o contrário do que fazem as seitas.

CONCLUSÃO

Ainda há muito a dizer, mas o objetivo deste pequeno livro não era outro senão despertar o interesse pelo assunto, atualizar o que sabemos sobre o fenómeno sectário e gerar uma preocupação saudável e realista. E a questão é: o que é que podemos fazer? Como vimos, trata-se de um fenómeno vasto e complexo. Mas isso não nos deve desencorajar. Na perspetiva de 25 anos de investigação, formação e ajuda, estou convencido de que, num mundo como este das seitas, podemos trabalhar em conjunto para levar a luz ao meio de tanta escuridão, a liberdade em tantas situações de escravatura e a verdade que vence e derrota todo o engano. Como é que isto, que soa tão bonito e utópico, pode ser realizado? Muitas coisas poderiam ser ditas, mas eu estou simplesmente a apontar algumas pistas para que cada um possa elaborar o seu itinerário, com base na própria identidade e lugar no mundo:

1. O conhecimento e a formação são a melhor prevenção. Cada um a partir da sua própria perspetiva intelectual ou profissional e com as pessoas com quem vive ou trabalha. E a participação dos centros universitários na investigação sobre o tema.

2. A sensibilidade para este fenómeno e a necessidade de ouvir e apoiar as vítimas, bem como a urgência de as administrações públicas articularem medidas e canais para o efeito, através dos serviços sociais ou dos organismos competentes.

3. O cuidado e o fortalecimento da família como o principal ambiente de sustentação do ser humano e dos seus afetos, com maior potencial socializador.

4. Respeito pelas experiências religiosas saudáveis e humanizadoras num secularismo positivo e promoção de tudo o que elas podem contribuir para a sociedade.

5. Por fim, a contribuição de todos para o bem comum, para a construção de um mundo mais justo em que haja menos pessoas que "precisem" de uma seita para as proteger da tempestade. Nisso, todos nós temos um papel e uma missão.

BIBLIOGRAFÍA

Selecionei os livros portugueses e brasileiros que me parecem mais significativos entre os que conheço e entre os que se encontram na Biblioteca-Centro de Documentação "José María Baamonde", mantida pela Rede Ibero-Americana de Estudo das Seitas (RIES), na cidade espanhola de Zamora. As suas perspetivas são diversas: desde estudos baseados na psicologia ou na sociologia até aos que têm uma perspetiva confessional (católica ou evangélica), bem como algumas obras que tratam de grupos específicos. Depois dos livros, apresento uma lista de artigos académicos interessantes sobre o fenómeno sectário, também em português.

Livros

Alaiz, Atilano, *As seitas e os cristãos*, São Paulo, Lisboa 1994.

Alaiz, Atilano, *A sedução das seitas*, AO, Braga 1998.

Amatulli Valente, Flaviano, *A Igreja Católica e as seitas. Perguntas e respostas*, Apóstolos da Palabra, Torres Vedras 2005.

Antero, João – Marivoet, Salomé (coords.), *I Congresso Lusófono de Ciência das Religiões. Volume XVI: Formas religiosas do movimento espiritual da Nova Era*, Universidade Lusófona de Humanidades e Tecnologias, Lisboa 2015.

Bosch, Juan, *Para conhecer as seitas. Panorâmica da nova religiosidade marginal*, Gráfica de Coimbra, Coimbra 1995.

Cabral, Salvador, *A Bíblia responde às testemunhas de Jeóva*, Musibral, Braga 2002.

Centro Roger Ikor, *Seitas religiosas. Um guia sobre as falsas religiões para as conhecer e defender-se delas*, Inquérito, Mem Martins 1996.

Felitti, Chico, *A Casa. A história da seita de João de Deus*, Todavia, São Paulo 2020.

Ferreira, Sofia Afonso, *C.E.A. A seita secreta*, Amazon, 2022.

Fibe, Cristina, *João de Deus. O abuso da fé*, Globo, Porto Alegre 2021.

Geisler, Norman – Rhodes, Ron, *Resposta às Seitas*, CPAD, Río de Janeiro 2000.

Gonçalves, Teresa Osório, *À espera de uma nova era (new age). Os percursos atternativos da religiosidade*, Gráfica de Coimbra, Coimbra 2009.

Instituto Superior de Estudos Teológicos, *Seitas: desafio religioso numa sociedade pluralista*, Gráfica de Coimbra, Coimbra 1996.

Justino, Mário, *Nos bastidores do reino. A história secreta da Igreja Universal do Reino de Deus*, Geraçao, São Paulo 1995.

Macías Alatorre, Ramón (ed.), *Seitas e novos movimentos religiosos. Textos da Igreja Católica 1986-1994*, Secretariado Geral do Episcopado, Lisboa 1996.

Madaleno, António, *Apóstata! Porque abandonei as Testemunhas de Jeová*, Arena, Lisboa 2020.

Martins Chaves, Bruno, *A verdade sobre a seita Testemunhas de Jeová*, Amazon, 2021.

Menezes, Aldo, *Testemunhas de Jeová. Exposição e refutação de suas doutrinas*, Vida, São Paulo 2010.

Moraleda, José, *As seitas hoje. Novos movimentos religiosos*, Paulus, São Paulo 1994.

Nascimento, Gilberto, *O reino. A história de Edir Macedo e uma radiografia da Igreja Universal*, Companhia das Letras, São Paulo 2019.

Neves, Joaquim Carreira das, *As novas seitas cristãs e a bíblia*, Universidade Católica, Lisboa 1998.

Partridge, Christopher (ed.), *Enciclopédia das novas religiões. Novos movimentos religiosos, seitas e espiritualidades alternativas*, Verbo, Lisboa 2006.

Ruuth, Anders – Rodrigues, Donizete, *Deus, o demônio e o homem. O fenômeno Igreja Universal do Reino de Deus*, Colibri, Lisboa 1999.

Schnell. William J., *Trinta anos escravizado à Torre de Vigia. Confissão duma Testemunha de Jehová convertida ao cristianismo*, Cidade do Imaculado Coração de Maria, Fátima 2003.

Semedo, Fernando, *Parasitas de Deus. As novas seitas*, Caminho, Lisboa 1988.

Sousa, Manuel da Costa Afonso de, *A fenomenologia do religioso no contexto do "retorno ao sagrado". Nova era e novos movimentos religiosos*, Centro de Estudos em Religião da Universidade Lusófona, Lisboa 2001.

Vázquez Borau, José Luis, *Os novos movimentos religiosos. Nova era, ocultismo e satanismo*, Paulus, Lisboa 2008.

Vernette, Jean, *Seitas: que dizer? que fazer?*, Círculo de Leitores, Lisboa 1995.

Vidal Manzanares, César, *Dicionário de seitas e ocultismo*, Gráfica de Coimbra, Coimbra 1992.

Vidal Manzanares, César, *As seitas perante a Bíblia*, São Paulo, Lisboa 1994.

Woodrow, Alain, *As novas seitas*, Paulistas, Lisboa 1979.

Artigos académicos e capítulos de livros

Beckford, James A., "Novos movimentos religiosos", *Plural* 26 (2019) 326-339.

Campos, Leonildo Silveira, "A Igreja universal do reino de Deus, um empreendimento religioso atual e seus modos de expansão (Brasil, África e Europa)", *Lusotopie* 6 (1999) 355-367.

Farias, Miguel H. – Santos, Tiago, "Novos movimentos religiosos em Portugal: passado, presente e futuro", *Sociedade e Estado* 14 (1999) 203-214.

Franca, Margarida – Fernandes, João Luis J. – Cravidão, Fernanda, "Geografia da religião em Portugal: minorias e diversidade religiosa", *Cadernos de Geografia* 38 (2018) 7-22.

Lages, Mário, "Elementos para a compreensão sociológica das Seitas", *Communio* 8 (1991) 362-371.

Machado, Carly, "Novos Movimentos Religiosos, Indivíduo e Comunidade: sobre família, mídia e outras mediações", *Religião & Sociedade* 30 (2010) 145-163.

Machado, Jónatas E.M., "A Constituição e os Movimentos Religiosos Minoritarios", *Boletim da Faculdade de Direito. Universidade de Coimbra* 72 (1996) 193-271.

Monteiro, Teresa Líbano, "Grupos ligados à tradição milenarista e apocalíptica cristã", en Teixeira, Alfredo (org.), *Identidades religiosas em Portugal: ensaio interdisciplinar*, Paulinas, Lisboa 2012, 307-313.

Monteiro, Teresa Líbano, "Novas orientações religiosas e espirituais", en Teixeira, Alfredo (org.), *Identidades religiosas em Portugal: ensaio interdisciplinar*, Paulinas, Lisboa 2012, 325-332.

Rodrigues, Elisa, "A emergência dos Novos Movimentos Religiosos e suas repercussões no campo religioso brasileiro", *Numen: Revista de estudos e pesquisa da religião* 12 (2009) 45-58.

Rodrigues, Donizete, "Novos movimentos religiosos: Realidade e perspectiva sociológica", *Anthropológicas* 12 (2008) 17-42.

Seiwert, Hubert, "O problema das 'seitas'. Opinião pública, o cientista e o Estado", *Revista de Estudos da Religião* 2 (2001) 21-45.

Senra, Flávio – Ritz, Claudia – Ecco, Clóvis – Cordovil, Daniela, "Novos movimentos religiosos e espiritualidades laicas", *Caminhos* 20 (2022) 309-315.

Silva, José Antunes da, "Novos Movimentos Religiosos: Elementos para a sua compreensão", *Revista Portuguesa de Filosofia* 51 (1995) 137-156.

Santos, Ana Maria Gonçalves, "Religião e média: o caso da reportagem 'O Segredo dos Deuses' sobre a Igreja Universal do Reino de Deus", *Sociologia: Revista da Faculdade de Letras da Universidade do Porto* 43 (2022) 106-124.

Vilaça, Helena, "Notas de pesquisa para o estudo dos grupos religiosos minoritarios em Portugal", *Sociologia: Revista da Faculdade de Letras da Universidade do Porto* 7 (1997) 31-51.

Vilaça, Helena, "Alguns traços acerca da realidade numérica das minorias religiosas em Portugal", *Lusotopie* 6 (1999) 277-289.

SOBRE O AUTOR

Luis Santamaría del Río é licenciado em Teologia e tem um mestrado em Ciências das Religiões.

Em 2005, foi um dos fundadores da Rede Ibero-Americana de Estudo das Seitas (RIES) e dirige a sua Biblioteca-Centro de Documentação "José María Baamonde" (Zamora, Espanha).

É autor de vários livros sobre o fenómeno sectário e de numerosos artigos de investigação. É professor do Mestrado em Análise do Comportamento Criminal na Universidade de Salamanca. Dá formação sobre o tema em vários países europeus e americanos e aconselha as famílias afetadas, as forças de segurança e os meios de comunicação social.

E-mail: luis.santamaria@infories.org

Twitter e Instagram: @vaiconDios